最終列車

原武史

講談社

目次

鉄路の空間政治学

年々歳々

列車はなにを運ぶのか？

鉄道と私

コロナと鉄道

最終列車

はじめに――経世済民としての鉄道

鉄道史のなかで、平成とはどういう時代であったかを振り返ってみたい。

国鉄が解体されたのは、平成改元の一年十ヵ月前に当たる一九八七（昭和六十二）年三月。青函トンネルと瀬戸大橋が開通したのは、八八年三月ないし四月だった。つまり平成の幕開けは、ＪＲの発足や北海道から九州までの鉄道の一本化とほぼ重なる。

国鉄時代には東海道、山陽、東北、上越しかなかった新幹線は、ＪＲになると北海道、秋田、山形、長野、北陸、九州でも新たに開業した。これらの新幹線は東京との往復を便利にする反面、在来線にそのまま乗り入れた山形新幹線と秋田新幹線を除いて、並行在来線の多くが第三セクターへと転換された。その結果、ＪＲに比べて運賃が高くなり、特急がなくなることで地方都市間の移動が不便になった。例えば金沢や富山と新潟の間には直通の特急が走っていたのに、北陸新幹線が金沢まで開通するのと引き換えに廃止されてしまった。

同様のことは、山形新幹線や秋田新幹線でも起こっている。在来線の線路幅を狭軌（一〇六七ミリ）から新幹線と同じ国際標準軌（一四三五ミリ）に改めたため、奥羽本線の線路が分断された。いまや山形から秋田に早く行こうとしても直通の特急はなく、新幹線と普通列車を乗り継がなければならなくなっている。東京への一極集中ばかりが強まる、いびつな鉄道網になってしまったのだ。

国鉄の分割民営化に伴い、ＪＲ各社はサービスに力を入れるようになった。その最大の眼目は新幹線に代表されるスピードであった。時間をかけて長距離を走る列車は次々に廃止され、ついに夜行列車は東京と高松、出雲市を結ぶ特急「サンライズ瀬戸・サンライズ出雲」だけとなってしまった。

その一方、在来線を走るクルーズトレインが次々にデビューした。ＪＲ九州の「ななつ星in九州」、ＪＲ東日本の「ＴＲＡＩＮ《トラン》　ＳＵＩＴＥ《スイート》四季島《しきしま》」、ＪＲ西日本の「ＴＷＩＬＩＧＨＴ《トワイライト》　ＥＸＰＲＥＳＳ《エクスプレス》瑞風《みずかぜ》」である。だがこれらの列車の料金は、最低でも二十五万円、最高で百五十五万円あまりもかかる。もっぱら内外の富裕層のためのサービスになっているのだ。しかも駅によっては、これらの列車を利用する客しか立ち入りができない専用スペースまでわざわざつくられている。誰もが利用できるはずの駅という公共空間までもが、どれだけ金を払ったかによって選別される時代になっている。

昭和期にあった鉄道旅行の楽しみもなくなりつつある。

ＪＲ東日本の観光特急「サフィール踊り子」や近鉄の観光特急「しまかぜ」を除いて食堂車に相当する車両はなくなり、長らく営業を続けてきた地元業者の駅弁や駅そばも減った。代わってＪＲの系列会社が一元的に販売する駅弁や駅そばが普及するようになった。東京駅では全国の駅弁が売られ、デパ地下でも駅弁が年中売られている。列車が駅で停まっている間に急いで名物の駅弁を買い、移り行く景色を見ながら車内で駅弁を食べるという文化は、完全に消滅したのである。

首都圏の私鉄では、地下鉄を介した相互乗り入れの区間が大幅に増えた。この結果、東武や西武の車両が東急の区間を走るようなことが当たり前になり、私鉄ごとの違いが見えにくくなった。ＪＲ東日本でも、湘南新宿ラインや上野東京ラインなど、ＪＲどうしの相互乗り入れが進んだ。東急の渋谷、東武の浅草、ＪＲの上野などがターミナルとしての地位を著しく低下させた。

一方の関西では、私鉄どうしやＪＲどうしの新たな乗り入れが始まる半面、梅田や難波《なんば》などのターミナルの中心性は揺らいでいない。中でも阪急は、創業以来のマルーン（暗褐色）一色の車体をいまも保っている。鉄道をめぐる環境が大きく変わりつつあるなか、「変わらない」ことでかえって存在感を高めているといえる。

過疎化や高齢化が進む地方では、ＪＲ北海道のようにローカル線が廃止されたり運休が長引いたりする一方、第三セクターの健闘が目立っている。中でも岩手県の三陸鉄道は、二〇一一（平成二十三）年三月に起こった東日本大震災のわずか五日後に一部区間を復旧させ、一四年四月には全線復旧させたことで注目を浴びた。一九年三月には、ＪＲ東日本から移管される旧山田線の宮古《みやこ》—釜石《かまいし》間の運行が始まり、久慈《くじ》—盛《さかり》間が一本で結ばれて日本最長の第三セクターが誕生した。地方を切り捨てようとするＪＲとは対照的に、交通弱者の貴重な足としての鉄道を残そうと奮闘している第三セクターは少なくない。

昭和期にはモータリゼーションに呑み込まれた路面電車も、世界的な見直しの波が及ぶようになっている。富山では富山ライトレールが新たに開業し、富山都心線の環状運転が始まったほか、宇都宮《うつのみや》でも二三年の開業を目指して工事が進んでいる。東京の都心部でも、路面電車を復活させる構想がある。少しずつではあるが、自動車の時代から電車の時代への揺り戻しが起こっている。

平成という時代に鉄道の高速化を先頭に立って進めたのは、ＪＲ東海の葛西敬之《かさいよしゆき》であった。だが、開業当時は世界最速を誇った新幹線もいまはそうではない。中国では、より速い「高鉄《ガオティエ》」と呼ばれる高速鉄道が走っているからだ。

二〇二七年には、葛西自身の宿願というべきリニア中央新幹線の品川—名古屋間が、七兆円あまりの総工費をかけて開業することになっていた。その背景には、世界最速の座を再び奪還したいというナショナリズムが見え隠れしていた。実際には静岡県内で着工できていないため、開業の時期が見通せなくなっているが、平成になっていびつになってしまった鉄道網が、令和以降にますますいびつになることは避けられまい。

平成が始まった頃、全国のＪＲにはまだ国鉄時代の画一的な車両が数多く走っていた。だがいまや、そうした車両はほぼなくなり、ＪＲ各社による違いが大きくなっている。とりわけデザイナーの水戸岡鋭治《みとおかえいじ》を起用したＪＲ九州は、特急列車から普通列車まで、他のどこにもない斬新な車両を製造するようになった。

昭和期には全国どこにでも見られた、乗客が向かい合うボックス型座席の車両が大幅に減ったことも、平成の特徴の一つである。いまや東海道線や横須賀線ばかりか、青森や秋田の山中を行く線でも、首都圏と同じようなロングシートの電車が走っている。座席の配置が変わったことで、車内で駅弁を食べられなくなり、地方の駅弁業者が相次いで立ち売りをやめたり、廃業を余儀なくされたりした。

ボックス型からロングシートへの転換は、車中で出会った客どうしが対話したり、物をあげたりする文化を消滅させた。朝の通勤電車の車内で、サラリーマンが新聞を読んでいる光景もなくなった。代わりに都市と地方とを問わず、全国の車内で広く見られるのは、客どうしが互いに視線を合わさず、ひたすらスマホの画面に目を注ぐ光景である。乗客は列車に乗っても、たまたま乗り合わせた未知の人たちとではなく、乗り合わせていない既知の人たちとしかやりとりをしなくなったのだ。

けれども、地震や津波のような非常事態が起こり、通信手段がすべて途絶えたとき、生身の人間どうしが相対することのできるボックス型の座席は思わぬ効用を発揮することもまた明らかになった。

二〇一一（平成二十三）年三月に起こった東日本大震災では、被災した三陸鉄道を助けようと、全国から多くの人々が復旧区間に乗りにわざわざやって来た。このとき、地元の利用者はボックス席で乗り合わせた外からの客たちと毎日のように出会い、激励の言葉をかけられたことが、大きな心の支えになったと話している。自動車ではあり得ない鉄道ならではの特性が見直されたのだ。

運賃の支払いの方法も大きく変わった。窓口や自動券売機で切符を買い、改札口で駅員に鋏《はさみ》を入れてもらう昭和の光景は、一部の中小私鉄を除いてすっかりなくなった。代わりに現在では、ＩＣカードにあらかじめ運賃をチャージしておき、自動改札機にタッチして引き落とす光景が、全国各地で広く見られるようになっている。

これは日本だけでなく、先進国の鉄道に共通する光景になりつつある。ただし同じ都市内を移動するのに、ＪＲや私鉄や地下鉄ごとに運賃体系が異なるというのは、世界的に見てきわめて特殊である。

大都市のＪＲや私鉄、地下鉄では、女性専用車が次々に登場した。輸送力の増強や少子高齢化により混雑率が下がってきているにもかかわらず女性専用車が普及したのは、それだけ痴漢などの犯罪に対する社会の目が厳しくなり、人権意識が高まったことの証左として評価することもできるだろう。だがこのことは、混雑率が下がったとはいえ、依然として乗客の体どうしが接触するほどのラッシュが続いているということでもある。

インバウンドが飛躍的に増えたことも、平成の鉄道を考えるうえで重要である。大都市の電車や新幹線ばかりか、地方のローカル線でも外国人観光客の姿を見かけることが珍しくなくなった。しかし日本の鉄道は、相変わらず国内で完結している。

平成という時代は、英国の鉄道とヨーロッパ大陸の鉄道が英仏海峡トンネルでつながり、韓国と北朝鮮の鉄道も連結事業が進められるなど、国境や軍事境界線の壁が鉄道によって破られつつある時代に重なる。そのなかで、日本のような島国だけがあたかもガラパゴスのように、孤立した鉄道網を維持していることになる。

かつて日本の鉄道は、ダイヤ通りに走ることで世界的に知られていた。確かにいまでも、東海道新幹線などは外国人が驚くようなダイヤの正確さを売りにしている。けれども相互乗り入れが進んだ結果、首都圏の電車は遅れるのが当たり前になった。たとえ遅れても、乗客は昭和期のように暴動を起こすことはない。大きな声で駅員に不満を訴えることもない。ひたすらスマホを見ながらじっと耐えているだけの客が大半だからだ。

平成末期には、利用者が協力しあい、ネットを使って鉄道会社の決定に異議申し立てをする動きがあった。例えば、JR東日本が田町《たまち》―品川間の新駅の名称として決定した「高輪《たかなわ》ゲートウェイ」に対しては、撤回を求める署名が四万七千人を超えた。大阪メトロが複数の駅構内を大規模に改装する計画を発表したことに対しても、撤回を求める署名が一万九千人に達した。

鉄道は自動車とは異なり、公共性の高い交通手段である。平成末期になって出てきたこうした動きは、公共性とは何かを考える上で重要な問題提起をしていたはずだった。ところが令和になり、新型コロナウイルスの感染が拡大すると、見知らぬ人々どうしが接近することと自体が忌避されるようになった。首都圏や大阪圏の駅に一人こもってテレワークのできる箱形のブースの設置が広がっていることは、鉄道の公共性が損なわれつつあることを暗示しているのかもしれない。

菊と鉄道

皇太子（現上皇）夫妻と鉄道

完乗という言葉がある。ＪＲ、私鉄、第三セクター、地下鉄などを問わず、日本の鉄道に全部乗ることだ。完乗を果たしたマニアは何人もいるに違いない。だが、そうしたマニア以上に結婚直後から多種多様な電車や列車に乗っている夫妻がいる。現上皇明仁と現上皇后美智子である。

この二人は、一般の日本人が乗ることのできないお召列車に乗っているだけではない。新幹線はもとより、国鉄時代の特急、急行、準急、普通列車にも乗っているし、私鉄にも乗っている。第三セクターのトロッコ列車にも乗っている。昭和天皇の場合は皇太子時代から専用の御召列車（戦後に「お召列車」と改称）に乗ることが多かったのに対して、現上皇は皇太子時代には現上皇后とともに一般の電車や列車にもしばしば乗っている。

その時代は、ちょうど国鉄の黄金時代から解体へと向かう時代と重なっている。一九六四（昭和三十九）年に東海道新幹線が開業したのに続いて、山陽、東北、上越の各新幹線が開業するものの、在来線にはまだ特急や急行が走っていた。私的な外出を除き、在来線では一般の車両に乗らなかった昭和天皇や香淳皇后とは異なり、皇太子明仁と皇太子妃美智子は頻繁に一般の車両に乗った。

国鉄では新幹線のほか、在来線の特急「白鳥」「こだま」「はと」「富士」「つばめ」「そよかぜ」「雷鳥」「あずさ」「とき」「はつかり」「くろしお」、急行「青葉」「みちのく」「山陽」「フェニックス」「出雲」「しらぬい」「いわて」「信州」「アルプス」「日光」「千秋」「くりこま」「もがみ」「さんべ」「うわじま」、準急「高原」「内房」「軽井沢」などに乗っている。私鉄では東武の特急「けごん」「きぬ」や近鉄の特急などに乗っている。さらに国鉄の小浜《おばま》線や宮津《みやづ》線、三江《さんこう》線、牟岐《むぎ》線などでは、一般の普通列車にも乗っている。

いまでは国鉄時代の急行や準急が全廃され、在来線の特急も「あずさ」「くろしお」などを除いて廃止された。三江線も二〇一八（平成三十）年三月三十一日に廃止された。現上皇と現上皇后は、いまはなきこうした列車やローカル線の記憶を有する、貴重な生き証人でもあるはずなのだ。

しかし他方、昭和天皇や香淳皇后と同様、皇太子（妃）時代からお召列車や特別列車に乗ることも少なくなかった。結婚直後の一九五九（昭和三十四）年四月十七日には、伊勢神宮と神武天皇陵に結婚を報告するため、東京—山田（現・伊勢市）間、山田—奈良間、畝傍《うねび》―原宿《はらじゅく》間にお召列車が運転された。原宿は山手線の駅ではなく、現在は全く使われていない宮廷ホームを意味する。このうち電気機関車（EF58―61）が牽引したのは電化されていた東京―名古屋間と名古屋―原宿間だけで、それ以外の区間は非電化だったためSL（C57―56およびC58―216）が牽引した。この当時はまだ、お召列車でも地方ではSLが引っ張ることが珍しくなかった。

六一年三月に皇太子夫妻が長野県を訪問したときも、お召列車に相当する特別列車が原宿―松本間に運転された。このときは当初、特別列車の運行を最優先させるために、一般列車の運行を最大で一時間三十五分も遅らせるなど、ダイヤを大幅に変更する予定であった。ところがそれが新聞記者の間で問題視されたため、国鉄の運転局が急遽ダイヤを見直し、一般列車への影響を極力抑えた（星山一男『お召列車百年』、鉄道図書刊行会、一九七三年）。

そこにはミッチーブームを経て、皇室に対する見方が大きく変わり、大衆天皇制と呼ばれる時代を迎えたことも影響していただろう。なおこのときも、原宿―甲府間はEF58―61が引っ張ったのに対して、甲府―松本間ではSL（D51―785）が牽引している。

私鉄でも、特別列車が運転される場合があった。一九八〇年七月二十三日、皇太子夫妻は兵庫県三木市にあった大規模年金保養基地「グリーンピア三木」（現・ネスタリゾート神戸）を訪れるため、神戸市の新開地から三木市の志染《しじみ》まで神戸電鉄に初めて乗った。特別列車は四両編成で、新開地を出ると途中の十五の駅をノンストップで走り、三十五分で志染に着いた。

八〇年七月二十四日付の『神戸新聞』によれば、このときの神戸電鉄の準備は入念をきわめた。車両は前年に製造したばかりの最新の電車をあて、線路は厳重にチェックした。十八日からは当日用の電車を使って試運転を重ね、特別ダイヤに十秒以上の狂いが生じないよう調整を繰り返した。そして二十三日当日には、特別列車の前後三本のダイヤを変更し、運転席には運転士二人に運輸課長、乗務区長が付き添ったという。

同紙に「天皇ご一家をはじめ第一級の要人が県内の短い距離を移動される場合、車を使われるのが普通で、ローカル鉄道で、というのは極めて異例」とあるように、これを例外と見なすこともできるだろう。けれども人々の皇室観が忠実に反映されるのは、車よりも公共性を強く帯びる鉄道の方である。皇太子の結婚直後に高まった大衆天皇制的な状況は後退し、皇太子夫妻であっても昭和天皇や香淳皇后が乗るのと変わらない準備を重ねなければならず、万一手抜かりがあっては「不敬」のそしりを免れないという意識が、ここからは透けて見える。

上皇・上皇后と鉄道

二〇一九（平成三十一）年一月三十一日、私は東京ステーションギャラリーで開かれた「天皇陛下御在位30年記念　皇室と鉄道展」を見に行った。そこではまず、皇太子明仁（現上皇）、美智子（現上皇后）夫妻にとって初めての本格的な地方行啓に当たる、一九六一（昭和三十六）年三月から四月にかけての長野行啓の映像が目を引いた。

六一年四月一日、皇太子夫妻は長野から原宿（宮廷ホーム）まで、一般の客が乗れない特別列車に乗っている。国鉄の定義では天皇、皇后、皇太后ら「陛下」の乗る列車を「お召列車」と称したので、皇太子「殿下」の乗る列車はその定義に当てはまらなかった。けれどもその実態は、お召列車と変わらなかった。特別列車が走った信越本線や高崎線の沿線の「奉迎」は、まさに驚くべきものだった。映像では途中の磯部《いそべ》駅で、地元住民が熱狂的に列車を迎える場面が出てくる。

彼らは、明治から戦前にかけての行幸や行啓のように、強制的に動員されているわけではない。自発的に集まってきているのだ。おそらくその規模は、同時代の昭和天皇と香淳皇后の行幸啓を上回っていただろう。

一九五九年の結婚から間もない当時は、まだミッチーブームが続いていて、皇太子よりはむしろ皇太子妃美智子を一目見たいがために集まった人々が多かったに違いない。皇太子夫妻が地方を回ることで、ミッチーブームが東京から地方へと波及していったのだ。

前項「皇太子（現上皇）夫妻と鉄道」で触れたように、皇太子夫妻が乗った列車は特別列車だけではなかった。一般の客が同乗する特急や急行、準急、普通にも、夫妻が乗る車両をまるごと貸し切る形でしばしば乗っている。この点は、皇太子時代からずっと特別列車や御召列車に乗ってきた昭和天皇とは異なる。

だが、沿線の人々の熱狂的な「奉迎」は、五九年の結婚から時間が経っても続いた。「皇室と鉄道展」の映像や写真だけではわからない六一年以降の行啓の実態を、地方紙の記事を手掛かりに見てみよう。

一九六四年三月、皇太子夫妻は四歳になったばかりの浩宮（現天皇）を連れて南房総《みなみぼうそう》へ家族旅行に出掛けた。このときは総武《そうぶ》本線の両国《りょうごく》から房総西線《ぼうそうさいせん》（現・内房《うちぼう》線）の館山まで準急「内房2号」を利用したが、途中の千葉駅では「定刻の午前十時四十三分、内房二号がホームにはいってくるとキャーッという歓声が上がり五百人ほどの一般乗客は警戒線を突破してご夫妻のいる窓に殺到。知事も市長ももみくちゃで、大へんな騒ぎとなった」(『千葉日報』同年三月二十三日)。警備員は「東京ではこんなことはありません」などと言って制止したという(同)。

一九七四年七月、皇太子夫妻は予讃《よさん》本線(現・予讃線)の松山から宇和島《うわじま》まで、愛媛県南予《なんよ》地方視察のため急行「うわじま6号」に乗っている。このときも「とくに大変だったのは松山から宇和島への車中。大洲《おおず》、八幡浜《やわたはま》、宇和町と停車駅の駅頭だけでなく、沿線もトンネルを除くと切れ目がないほど」(『愛媛新聞』同年七月十八日)だったようだ。

こうした「奉迎」に対する皇太子夫妻の姿勢は、昭和天皇や香淳皇后とは明らかに異なっていた。お召列車として運行するため特別に製造された「御料車」のなかで座ることの多かった天皇や皇后とは対照的に、二人とも立って沿線の人々に手を振ったからだ。

その姿勢は、初期の行啓から一貫していた。一九六一年十月、皇太子夫妻は京都から富山県の高岡まで特急「白鳥」に乗ったが、車内での皇太子妃の様子につき、『北日本新聞』同年十月十四日夕刊はこう報じている。

美智子さまは沿道〔線〕の小学生たちに一々手を振っておこたえになった。石動《いするぎ》駅を通過するころには歓迎の人波もぐんと多くなり、美智子さまはお席を左側にお移しになって、日の丸の旗を振って歓迎する小学生たちに終始笑顔でおこたえになっていた。

この記事を見る限り、手を振っていたのは皇太子妃だけのように見えるが、同じ夕刊には「車内から座席をたって沿線の人たちに手をふっておこたえ」と題して、皇太子が皇太子妃の隣で手を振る写真も掲載されている。

一九七二年八月に山形県の新庄《しんじょう》から酒田まで陸羽西線《りくうさいせん》経由の急行「もがみ」に乗ったときには、「両殿下はその〔奉迎が見える〕つど、人のいる方へと寄せられ、開け放った窓から手を振られた」(『山形新聞』同年八月四日)。先に触れた急行「うわじま6号」に乗ったときにも、「ご夫妻はほとんどお立ちになったままで左右の窓から人波の歓迎にこたえられ、時には開けたままの窓から身を乗り出して手を振られた」(『愛媛新聞』七四年七月十八日)。

このころになると、皇太子夫妻が一緒に左右どちらかの窓から手を振っていたのがわかる。どちらも真夏の時期だったが、いまなら窓の開かない冷房車に乗るだろう。当時の急行は普通列車同様、自由に窓を開けることができたため、人々に向かって手を振るにはかえって都合がよかった。言うまでもなくそれは、お召列車に乗る昭和天皇や香淳皇后とは全く異なるスタイルであった。

こうしたスタイルは、あくまでも速度の比較的遅い非電化区間の急行列車だからこそ可能だった。特急になるとスピードが上がるし、窓も開かなくなる。国鉄の電化が進み、特急用の電車に乗る区間が増えるにつれ、「開けたままの窓から身を乗り出して手を振」ることはできなくなる。ましてや新幹線ではもっと速くなるうえ、高架やトンネルの区間がほとんどになり、沿線での「奉迎」そのものができなくなってしまう。

平成になり、天皇と皇后になると、昭和天皇と香淳皇后同様、一般の列車には乗らなくなる。それどころか、在来線を走るお召列車の運転回数が激減する。新幹線の相次ぐ開業に伴い、地方を視察する場合も在来線に乗ることが少なくなったからだ。

昭和天皇と香淳皇后は、那須や葉山の御用邸や八王子《はちおうじ》の多摩御陵（大正天皇陵および貞明皇后陵）を訪れるときにも原宿から黒磯《くろいそ》、逗子《ずし》、東浅川《ひがしあさかわ》（後に高尾《たかお》）までお召列車に乗ったのに対して、現上皇と現上皇后は那須御用邸へは東北新幹線、葉山御用邸や武蔵陵墓地（大正・昭和天皇陵および貞明・香淳皇后陵）へは自動車を利用している。昭和期にはしばしば使われていた原宿の宮廷ホームは、二〇〇一年五月を最後に使われなくなる。

それでも、新幹線の通じていない在来線でお召列車が運転される場合はあった。「皇室と鉄道展」では、一九九〇年から二〇一七年にかけて運転された全国各地のお召列車の映像や写真が公開されていた。

これらを見ると、御料車に乗った現上皇と現上皇后が立って窓から手を振っているのは皇太子（妃）時代と変わっていないものの、二人一緒に同じ窓から手を振るのではなく、線路のどちら側で迎えてもよいよう、左右に分かれて別々の窓から手を振っているのがわかる。「平成流」というべき新たなスタイルを作り出しているといえようか。

二〇一四年五月に群馬県の桐生《きりゅう》と栃木県の間藤《まとう》を結ぶわたらせ渓谷鐵道の通洞《つうどう》―水沼間で現上皇と現上皇后がトロッコ列車に乗っている映像もあった。一般客が乗れないという点ではこれもまたお召列車には違いなかったが、窓そのものがない列車に乗ったのはこれが空前にして絶後だったろう。

国鉄がＪＲになり、お召列車の運転回数が減っても、またＳＬからＥＬ（電気機関車）へ、そして電車へと変わるにつれ運転が楽になっても、やはりお召列車の運転士というのはかなりの緊張を伴ったようだ。ＪＲ東日本田町《たまち》運転区の運転士経験者は、こう回想している。

お召列車の運転は特別なので、過去の資料を探し、先輩の話を聞きながら研究した。訓練運転では、運転時分と停止位置の正確な確保を主な目標に、フルノッチ起動にせずノッチを選びながら加速を調整し、電気ブレーキより衝動の少ない空気ブレーキのみで減速するなど、スムーズな運転をする練習に努めた。(「皇室と鉄道展」パンフレットによる)

具体的には、ダイヤとのずれは十秒以内にしなければならず、加速する場合はマスターコントローラー(車でいうアクセル)をいきなり最大の段数に入れる(フルノッチ)のではなく、段数を選んでうまく調整し、減速する場合も空気ブレーキのみにして衝撃を和らげ、あらかじめ決められたホームの位置にぴたりと停車させなければならなかった。すべてがマニュアルの操作だったSLほどではないにせよ、それなりの職人芸が必要とされたのだ。

お召列車の乗務関係者は、「お召列車徽章《きしょう》」を上衣の左胸部につけることになっていた。車体の横には、「御召」と書かれた金メッキの仕業札《しぎょうふだ》が掲げられ、通常の列車ではあり得ないことだが、金メッキで光った乗務員の氏名札も掲げられた。運転士が確認のため運転台で見る時刻表のケースまで、金メッキの塗装がなされていた。

それはおそらく、お召列車を「聖なるもの」「清浄なるもの」と見なす意識があるからだろう。その意識は、天皇の神格化が強まり、秒単位のダイヤに忠実な運転が求められた昭和初期と全く変わっていない。たとえ車内での天皇や皇后の姿勢が変わろうとも、お召列車が運転される限り、天皇は「神」であり続けるともいえる。

令和以降の時代にはどうなるだろうか。

新幹線については、新天皇と新皇后も臨時専用列車を全車両貸し切りにすることが発表された（『産経新聞』二〇一八年十二月十八日）。東海道新幹線では、すでに列車自体が加速や減速を考えて運行する「自動運転」機能を搭載する車両が走っている。つまり、お召列車に求められたような職人芸は、もはや必要でないのだ。

新幹線では、沿線の「奉迎」は成り立たない。新天皇と新皇后は、グリーン車の座席にゆったりと腰を下ろしていればよいのだ。在来線でのお召列車の運転回数も、平成に比べるといっそう減るだろう。新幹線が次々と延伸する代わりにローカル線は廃止され、新幹線のない地方では高速道路を利用する方が便利になりつつあるからだ。

だが周知のように、令和になるとコロナ禍によって天皇と皇后が地方を訪れること自体ができなくなった。天皇を「神」と見なす列車が走り、その沿線に人々が集まり、天皇と皇后が窓から手を振る光景は、平成までに限ったものになるかもしれない。令和が終わるとき、今回のような「皇室と鉄道展」がもう一度開かれることは、果たしてあるだろうか。

皇后と鉄道

二〇一六（平成二十八）年元日、「石巻《いしのまき》線の全線開通」と題する現上皇后の和歌が発表された。

春風も沿ひて走らむこの朝女川《あしたをながは》駅を始発車いでぬ

一五年三月二十一日に全線が復旧したＪＲ石巻線の一番列車が、始発駅の女川を出る光景を詠んだものである。現上皇后自身がこの列車に乗ったわけではないが、鉄道復旧に対する強い関心がうかがえる。

明治以降、日本の鉄道は〈男性〉と結びついてきた。一九八八（昭和六十三）年の歌会始で、昭和天皇は「国鉄の車にのりておほちちの明治のみ世をおもひみにけり」という和歌を詠んでいる。解体されてＪＲに変わる直前の国鉄（日本国有鉄道）を走るお召列車に乗りながら、最晩年の昭和天皇は「おほちち」、すなわち明治天皇が鉄道で全国を回った時代に思いを馳せていたのである。天皇にせよ軍隊にせよ、鉄道（正確に言えば官設鉄道ないし国有鉄道）が主に運んでいたのは男性であった。

実際に明治五（一八七二）年旧暦九月に新橋―横浜間の鉄道開業式が行われたときには明治天皇が出席したのに対して、皇后美子《はるこ》（昭憲皇太后）は出席しなかった。皇后が初めて列車に乗ったのは、一八七三（明治六）年八月三日であった。この日、皇后は天皇とともに箱根宮ノ下温泉に行くため、新橋―神奈川（現在は廃止）間を走る御召列車に乗ったのである。

しかし、この日の『昭憲皇太后実録』上巻（吉川弘文館、二〇一四年）には、「午前五時二十分御出門、新橋駅に於て〔有栖川宮《ありすがわのみや》〕熾仁《たるひと》親王以下諸官の奉送を受けたまひ、六時九分同駅御発車にて神奈川駅に著《つ》かせられ（以下略）」としか書かれていない。具体的な車両の編成はどうだったのか、天皇と皇后は別々の車両に乗ったのか、天皇単独とは異なり女官も同伴したのかなどに関する記述はない。

当時はまだ、天皇や皇后専用の車両は製造されていなかった。それが製造されたのは、天皇専用の1号御料車が一八七六年であったのに対して、皇后専用の5号御料車は一九〇二年であった。やはり天皇より皇后のほうが二十六年も遅かったわけだ。

ところが、目を当時の中国（清）に転じれば、日本とは全く異なった光景が展開されていた。

十九世紀末に起こった義和団の乱で、清は日本を含む八ヵ国の連合軍に宣戦布告したものの北京を攻略された。時の皇太后・西太后《せいたいごう》は一九〇〇（光緒《こうしょ》二十六）年八月、庶民に変装し、甥に当たる皇帝・光緒帝を伴い西安に逃れた。西安から北京に戻ってきたのは、一九〇二年一月であった。騾馬《らば》の引く車で命からがら都を捨てた西太后と光緒帝は、堂々たる御召列車に乗って帰還した。それは皇帝ではなく、皇太后こそが真の支配者であることを誇示する道具となった。

もともと西太后は、列車に興味をもっていた。一八八八年には、フランス商人により北京の中海に全長八〇〇メートルあまりの鉄道が敷設され、西太后が試乗した。彼女はこれを気に入り、鉄道は北海（現・北海公園）まで一五〇〇メートルあまり延長された。だが、このときの鉄道はまだ実用化されていなかった。

西太后は、実用化された鉄道に初めて乗るべく、義和団の乱により破壊された正定―北京間の復旧を待っていたのだ。このうち、正定から保定までは開業から日が浅く、小型機関車の牽引だったのに対して、保定から北京（馬家堡）までは大型機関車の牽引となり、車両も十五両から二十二両に増結された（千葉正史「清朝皇室の鉄道使用について」、『鉄道史学』第13号、一九九四年所収)。このうち二両ずつが、西太后と光緒帝の専用車両となった(加藤徹『西太后』、中公新書、二〇〇五年)。

つまり中国では、日本で皇后専用の車両が製造された一九〇二年に、皇帝専用と皇太后専用の車両が二両ずつ製造されていたことになる。日本のように、鉄道と〈男性〉がはじめから結び付いていたわけではなかったのだ。北京に着いた西太后は、皇帝しか通ることが許されなかった前門から都に入ったという。

もちろん日本では、西太后に匹敵する絶対的権力を手にした皇后や皇太后は現れなかった。だが昭和から平成になると、天皇と皇后が同じ車両に乗り、地方を視察する機会が増えた。実は冒頭に触れたJR石巻線にも、二〇〇一年十月に小牛田《こごた》―前谷地《まえやち》間で現上皇と現上皇后を乗せたお召列車が運転されている。

冒頭の和歌を詠んだ現上皇后の脳裏には、たとえ復旧した石巻線の列車に乗っていなくても、十五年近く前に乗った石巻線の沿線風景が浮かんでいたに違いない。彼女もまた、鉄道の復旧を待ちわびていた。うがった見方を承知で言えば、私はそこに義和団によって破壊された鉄道の復旧を待ちわびていた西太后との共通点を見いださずにはいられなくなる。現上皇后が詠んだ三十一文字は、日本でも鉄道と〈女性〉が結び付く時代の本格的到来を告げているように思えるのである。

高松宮と細川護貞

一九四六（昭和二十一）年四月十五日の8時43分、高松宮宣仁《のぶひと》親王が乗った博多ゆきの急行列車が、品川駅を発車した。東京発の列車に品川から乗ったのは、高松宮邸（現・仙《せん》洞《とう》仮御所）が品川駅に近い芝区（現・港区）の高輪《たかなわ》にあったからだった。

四五年十一月のダイヤ改正で、ようやく主要幹線に急行が復活していた。だが当時は、このほかに連合国軍が国内を移動するための連合国軍専用列車が運転されていた。東京―博多間にも、四六年三月から「ディキシー・リミテッド」（南部特急）という、市販の時刻表に掲載されない列車が走っていた。

四月十五日の日記で高松宮はこう書いている。「〇八四三品川発、西下。今度ハ米側カラ皇族ニナラ貸ス（一等車ハ皆押ヘラレテヰル）ト云フノデ『スイネ』ヲ『アリガタク借リテ』ズート旅行中乗リ廻ハス。車ノ横ニ『オーガスタ』トカ書イテアル。紙デカクシテ貸切ノ札ヲサゲテアル」（『高松宮日記』第八巻、中央公論社、一九九七年）。高松宮は皇族だったから、米軍の計らいで急行列車に高松宮が乗る車両を増結し、博多まで行くことができたのだ。

　高松宮はこの車両の形式を「スイネ」と記しているが、実際には「スイネ」ではなく「マイネフ」だったようにも見える。「車ノ横ニ『オーガスタ』トカ書イテアル」という記述から、この車両が四五年十一月に改造された一等寝台車のマイネフ37形だった可能性があるからだ。「AUGUSTA」と書かれた側面の部分を紙で隠して「貸切」としたのは、車内に乗っているのが日本人であることを示すための弥縫策《びほうさく》だったのだろう。

　九州訪問の目的は、引揚者や戦災者の援護事業を行っていた恩賜財団・同胞援護会の関係施設を視察することであった。高松宮は同じ目的で四六年六月に愛知県を、同年七月に山口県を訪れているが、いずれも品川から博多ゆきの急行列車を利用している。六月一日の日記に「一般ノ人ヲノセテホシイト云ツタガ相変ラズノセズ」（同）とあるように、高松宮は自分だけが専用の車両に乗っていればよいわけではなく、一般客も乗せるべきだと考えていた。

　言うまでもなく、占領期における一般の列車の状態は最悪であった。殺人的な混雑のために窓からしか乗り降りができず、屋根やデッキにまで乗客があふれることも珍しくなかった。そうしたなかで高松宮はきわめて特権的な旅行をしていたことになる。四月十五日の日記には、「静岡、梨ノ花ザカリ。関〔ケ〕原、桜満開。伊吹山、雪アリ」（同）という記述もある。ゆったりと席に座りながら車窓の風景を楽しんでいたわけだ。

高松宮は専用車に乗りながら、九州各地の同胞援護会の施設や病院などを回り、四月二十二日の夕方に博多を出る急行の東京ゆきに乗った。急行列車は山陽本線を夜通し走り、翌二十三日の11時20分に京都に着いた。

京都からは細川護貞《ほそかわもりさだ》が乗ってきた。細川護煕《もりひろ》元首相の父で、戦中期に高松宮の御用掛となり、各方面の有識者から情報や意見を集めていた人物である。細川は、はじめ二等車に乗ろうとしたところ席がなかったが、「たまく九州より御帰途の高松宮殿下の後部特別車に在《おは》すを知り」（『細川日記』下、中公文庫、二〇〇二年）、高松宮の乗る車両への同乗が許されて高松宮と「四方山《よもやま》の御物語り」（同）をすることになった。なお高松宮は、このことを日記に全く書き残していない。

品川までの約十時間もの間、高松宮は細川に向かって占領政策に対するさまざまな不満をぶちまけた。皇太子（現上皇）の家庭教師に米国人女性をあてる案については、「婦人はいかん」（同）と話した。また新憲法草案についてはこう述べている。

あれは幣原〔喜重郎首相〕は得意なんだが、僕は君主制の否定だと思ふ。又二院制と云つてもあれでは二院の意味がない。せめて上院に一度の否決権が無くては。又貴族〔院〕も今のまゝの制度は、変へる必要があると思ふが、全然無くなる必要はないと思ふ。大体、松本〔烝治〕国務相の案を蹴されたので、あれは第二案と云つてゐるが、全然米国製のものだ。（同）

高松宮に言わせれば、日本国憲法につながる新憲法草案は「君主制の否定」、つまり「国体」を破壊する共和制に等しく、到底認めることができなかった。旧知の間柄の細川だからこそ、高松宮は自らの思いを正直にぶちまけることができたに違いない。

米軍の計らいで貸してもらった専用車の車内で、高松宮は「米のやり方」（同）に対する不満を爆発させたのである。何という皮肉であろうか。

「敵国撃破」を祈るために

一九四五（昭和二十）年七月二十七日、昭和天皇から直々に渡された極秘の「御祭文《ごさいもん》」を手にしつつ、一人の勅使が東京駅の東海道本線ホームに現れた。皇室祭祀を担当する掌典《しょうてん》の清水谷公揖《しみずだにきんおさ》であった。

本来ならば、清水谷は七月二十五日に東京駅を出発するはずだった。ところがこの日、滋賀県内に空襲があり、東海道本線の米原《まいばら》駅構内に被害が発生したため、乗ろうと思っていた列車に乗れなくなったのだ。

米軍の空襲は激しさを増しつつあった。鉄道の運休やダイヤの乱れは日常茶飯事で、仮に動いたとしても米軍による機銃掃射を覚悟しなければならなかった。七月二十五日にも、近江《おうみ》鉄道の電車が米原に近い彦根市内で攻撃され、死者六名、負傷者三十五名を出していた。

七月二十七日に清水谷が乗ったのがどの列車だったかはわかっていない。しかし目的地ははっきりしている。大分県の宇佐《うさ》神宮である。東京からだと、東海道本線、山陽本線、鹿児島本線、日豊《にっぽう》本線を経由し、宇佐で降りるルート以外には考えられない。

六月十日改正の時刻表によれば、当時の東海道本線には急行が一本しかなかった。東京を8時30分に出る急行下関《しものせき》ゆきである。仮にダイヤ通りに走ったとしても、東京から下関までは二十四時間五十分を要した。

戦争の長期化とともに、列車の速度は遅くなった。労働力の不足により保線ができず、車両や施設も荒れ放題だったからだ。

四五年三月の調査によれば、危険箇所は東海道本線下りで四百五十六箇所、山陽本線下りで六百九十八箇所に上っている。そのせいか山陽本線では、空襲以外の事故も頻発していた。戦争末期のこの時期に、鉄道で東京から九州に向かうのは、かなり危険なことだったのだ。

急行列車でも、一等車や寝台車、食堂車はなかった。清水谷が乗ったのは二等車と思われるが、三等車ではより多くの客を乗せようと、二人掛けの座席を三人掛けにすることも行われた。また二等車に乗ったとしても、空襲警報が発令されれば列車が停止し、車掌が待避を命じにやってくる。宮脇俊三《みやわきしゆんぞう》はこう述べている。「『待避』とは、車内の床に膝と肘をついて土下座のような恰好をし、両手で眼と耳の穴を抑えることである。こうしないと爆風で鼓膜が破れ、眼球が飛び出すと防空演習で教えられていた」（『時刻表昭和史』、角川書店、一九九七年）。

東京から下関まで、急行がダイヤ通りに走ったとは思えない。仮にダイヤ通りでも、下関着は七月二十八日の朝9時20分となる。清水谷は、少なくともこれより遅い時間に着いたはずである。

下関から門司《もじ》までは山陽本線、門司から宇佐までは日豊本線に乗り入れる普通列車に乗ることになる。この区間も、清水谷がどの列車に乗ったのかはわかっていない。だが、遅くとも二十九日には宇佐に着いていたはずだ。なぜなら清水谷は三十日に宇佐神宮に参拝し、次のような「御祭文」を奉告しているからである。

……当《まさ》に皇国の興廃に繫《つなが》る 甚《はなはだ》 由々しき戦局にし有れば国内 尽《ことごとく》 一心に奮起ち有らむ限りを傾竭して敵国を撃破り事向けしめむとなも思ぼし食す厳しき神霊弥高《いやたか》に降鑑して神奈我良《かんながら》明験を発顕し給ひ速けく神州の禍患を禳除《はらいのぞ》き聖業を成遂げしめ給へと祈請奉らせ給ふ大御旨を聞食《きこしめ》せと恐《かしこ》み恐みも白《もう》す　（傍点引用者。原文は宣命書き）

清水谷が危険を冒してまで宇佐に行かなければならなかったのは、昭和天皇から託されたこの「御祭文」を、宇佐神宮の主祭神である応神天皇（八幡大神）に奏上する必要があったからだ。

それだけではない。清水谷は宇佐から小倉《こくら》まで日豊本線、小倉から香椎《かしい》まで鹿児島本線を乗り継ぎ、八月二日に香椎宮で全く同じ「御祭文」を奉告している。香椎宮の主祭神は応神天皇の母に当たる神功《じんぐう》皇后である。

以上は、『昭和天皇実録』第九（東京書籍、二〇一六年）の昭和二十年七月三十日条に依拠している。なぜ敗戦が事実上決まったこの時期に、昭和天皇はわざわざ宇佐神宮と香椎宮に清水谷を参向させ、「敵国撃破」を祈らせたのか。それは昭和天皇の本意ではなく、神功皇后が応神天皇を妊娠したまま朝鮮半島に渡り、新羅《しらぎ》、百済《くだら》、高句麗《こうくり》を平定したとする「三韓征伐」を事実と信じた天皇の母の皇太后節子《さだこ》（貞明皇后）の意向ではなかったかと思われるのだ。

清水谷が香椎から東京までどの列車に乗ったかもわかっていない。仮に八月三日に香椎を出たとすると、鹿児島本線と山陽本線の普通列車を乗り継ぎ、下関を20時に出る東京ゆきの急行に乗り換えたことが考えられる。もしこの列車がダイヤ通りに走れば、東京には四日の20時21分に着く。が、往路同様、その可能性はきわめて小さいと言わざるを得ないだろう。

東京ゆきの急行は、途中の広島を四日未明の1時20分に出ることになっていた。推論が正しければ、原爆が落ちる二日前ということになる。清水谷がいつ帰京し、天皇にどういう報告をしたのかは『昭和天皇実録』に触れられていない。

昭和天皇・香淳皇后と岡山

一九四七（昭和二十二）年十二月十一日の15時42分、帰京する昭和天皇を乗せた五両編成のお召列車が、姫新線《きしん》の林野《はやしの》駅を発車した。天皇が乗ったのは、三二年に製造された二代目の1号御料車であった。

天皇は十一月二十六日に東京駅を出発し、お召列車に乗りながら鳥取、島根、山口、広島、岡山の中国五県を巡幸していた。十二月十一日には岡山県の倉敷から高梁《たかはし》、新見《にいみ》、津山を経て、久米郡吉岡村（現・美咲町《みさきちょう》）と勝田郡南和気村《みなみわけそん》（同）にまたがる同和鉱業柵原《やなはら》鉱業所を訪れた。そして鉱業所の見学が終わるや、自動車で林野駅に向かった。

林野を出た列車は上月《こうづき》から兵庫県に入る。天皇は「沿線及び各駅の奉迎をお受けになるため、ほとんど御起立のまま兵庫県にお入り」（『昭和天皇実録』第十、昭和二十二年十二月十一日条）になった。その途端、沿線の田んぼや駅のホームに並んでいた人々がいっせいに日の丸の旗を振った。農家の屋根や窓にも日の丸が掲げられていた。戦前の御召列車

（四七年十月以前は「お召」でなく「御召」と表記）さながらの光景がよみがえったのだ。

当時は特別の許可がある場合を除いて、日の丸の掲揚が禁止されていた。天皇に同行していたGHQ（連合国軍総司令部）民政局のポール・ケントは、指令違反だとして列車に乗っていた宮内府次長の加藤進を呼び付けた（鈴木正男『昭和天皇の御巡幸』、展転社、一九九二年）。

しかし十二月の日の入りは早かったので、こうした光景が続くことはなかった。列車は姫路から山陽本線、神戸から東海道本線に入った。天皇は車中で夕食をとり、米原を過ぎたところで、休憩室のソファに横になった。お召列車には、寝台車が連結されていなかったからだ。列車は東海道本線を夜通し走り、東京には翌朝の6時57分に着いた。昭和天皇が日本国内で夜行列車に乗ったのは、これが空前にして絶後であった。

特急はまだ復活していなかった。上りの山陽本線と東海道本線には、東京ゆきの急行が二本あったほか、佐世保線の南風崎《はえのさき》から東京まで行く普通列車が三本（うち一本が不定期）あった。南風崎は南方戦線や満洲・朝鮮からの大量の復員者や引揚者が上陸する玄関口に当たっていたため、まる二日かかって東京に着く列車が運転されていたのだ。長距離普通列車の東京着よりは遅く、小田原発や熱海発の通勤列車の東京着よりは早い6時57分という絶妙の時間に、天皇は東京に戻ったことになる。

それから約十六年後の六三年九月十六日、昭和天皇は香淳皇后とともに岡山に行った。目的は、岡山大学付属病院で療養中の第四皇女、池田厚子《いけだあつこ》の見舞いであった。二人は大阪空港まで飛行機に乗り、大阪からは博多ゆきの特急「みどり」に乗った。「みどり」は通常六両編成だったが、三両増結し、13時40分に大阪を発車した。私的な旅行ということで、一般客が乗っている列車を初めて利用したのだ。岡山には15時54分に着いた。

翌日、見舞いを終えた天皇と皇后は、岡山を13時16分に出る東京ゆきの特急「第2富士」に乗った。このときは往路とは異なり、増結はせず、パーラーカーと呼ばれる先頭の展望車を貸し切り扱いにして乗っている。これもまた空前絶後のことであった。このまま乗っていれば東京には22時に着いたのだが、天皇と皇后は15時27分着の大阪で降り、大阪空港から飛行機で帰った(前掲『お召列車百年』)。

このように鉄道という観点から見ると、昭和天皇にとって岡山というのは特別な場所であった。香淳皇后にとっては、天皇以上にそうであった。一九二八(昭和三)年に第二皇女の久宮祐子《ひさのみやさちこ》を敗血症で、また六一年に第一皇女の東久邇成子《ひがしくにしげこ》をガンで亡くした皇后にとって、岡山藩主の子孫である池田隆政《いけだたかまさ》と結婚した第四皇女が敗血症で療養生活を送っていることは、気が気でなかったに違いない。その証拠に、六〇年代には皇后が単独で岡山を訪れることがあった。

六四年二月二十五日、皇后は東京8時発の宇野ゆき特急「第1富士」に乗った。ところがこの特急は、折からの大雪や貨物列車の事故の影響で、岡山への到着が大幅に遅れた。翌々日、皇后は前年と同じく岡山から東京ゆき特急「第2富士」に乗り、今度は大阪で降りず、そのまま終点まで乗った。皇后が在来線の特急に片道九時間以上乗り続けたのも、このときが初めてであった。

六五年五月七日、天皇と皇后は初めて東海道新幹線を利用した。9時30分に東京を出た特別列車は、新大阪に13時30分に着いた。天皇は「四時間にてはや大阪に着きにけり新幹線はすべるがごとし」と詠んでいる。新大阪からはお召列車に乗り、岡山に16時20分に着いている。「第1富士」に比べると、大阪—岡山間で所要時間が余計かかったにもかかわらず、新幹線を使ったために東京—岡山間では二時間近く縮まったのだ。

けれども新幹線は、沿線での奉迎を不可能にした。天皇が林野から乗ったお召列車の沿線で見られたような、住民が日の丸の旗を振って列車を迎える風景は、新幹線の開通区間が延びるにつれ少なくなってゆく。

ある鉄道マニアの死

二〇一四（平成二十六）年十月一日、東海道新幹線は開業からちょうど五十年を迎えた。いまとなっては東京と全国を結ぶ交通の大動脈になっている新幹線も、開業するまで従来の幹線とどう違うのかは自明でなかった。

開業に先立ち、まだ誰も乗ったことのなかった新幹線のどこが新しいのかを、いち早く解説する新書『鉄道物語』（サンケイ新聞出版局、一九六四年）を刊行した人物がいた。昭和天皇の第三皇女であった孝宮和子《たかのみやかずこ》と結婚した鷹司平通《たかつかさとしみち》である。鷹司は幼少の頃からの鉄道マニアで、大学卒業後に日本交通公社（現・ＪＴＢ）に入社し、当時は交通博物館（現在は廃止）の調査役として自らの趣味を仕事に役立てていた。

『鉄道物語』では、新幹線の新しさがいくつも強調されている。まずはスピード。欧米諸国の列車の最高速度が時速百六十キロだったのに対して、新幹線は時速二百キロ。「だから世界中のどこの鉄道よりも新幹線の列車は速いわけである」。それから踏切がない。これもまた、東京─大阪間に千百ヵ所を超える踏切があった東海道本線と比べると対照的である。鷹司平通は、「有名な知識人さえ『ブレーキをかけてから三キロも先へ行かなければ停止しないような列車には、こわくて乗れない』という人があるが、現在線のように、東京─大阪間で一一〇〇回の踏み切り事故の可能性のある線路と比べて、どちらが安全といえるだろうか?」と挑発している。

曲線の少ない線路、全区間にわたるロングレールやコンクリート枕木の採用、種別が二つ(「ひかり」と「こだま」)しかないすっきりしたダイヤ、タンク式のトイレ、線路端でなく車内に設置された信号機、最大十六両まで増結でき、運転間隔も五分まで詰めることのできる輸送力……。鷹司は、まるで幕末に来航したペリーの使節が、幕府に献上した蒸気機関車の模型を通して日本人に鉄道とは何かを説明したように、まだ新幹線を知らなかった当時の日本人に向かって新幹線のメリットを次々と挙げてゆく。そしてどれほど自動車が普及し、飛行機が発達しようが、新幹線のような鉄道が現れる限り、鉄道は斜陽化しないとしている。

半世紀前に書かれた『鉄道物語』を読み返すと、鷹司平通が今日の鉄道を取り巻く状況をほぼ正確に言い当てていることに、改めて驚かされる。けれども、鷹司は東海道新幹線が開業してわずか一年あまり後の一九六六(昭和四十一)年一月二十七日に急死してしまう。

しかも、死に方が異様であった。一月二十八日に銀座のバーのマダム、前田美智子の自宅マンションで、彼女とともに死んでいたのを発見されたからだ。二人の死因は、ガスによる一酸化炭素中毒であった。

昭和天皇の娘婿が心中事件を起こしたというニュースは、瞬く間に世界中を駆け巡った。米国のニューヨーク・タイムズは、「ヒロヒトのムコ、バーのオーナーの自宅で死ぬ」という見出しを打ち、英国のタイムズも「タカツカサは寝間着をまとって客室で、ミチコ・マエダは寝間着のまま寝室で発見された」と報道した。このように、海外紙がストレートに事件を伝えたのに比べると、日本のメディアは概して及び腰であった。

宮内庁は、一月二十九日午前零時過ぎに「鷹司平通氏は二六日夕方から帰宅していなかったが、二八日午後六時ごろ〔入った〕警察の連絡によると、千駄ケ谷奥村マンション三〇二号室前田方で事故死していることがわかった」と発表した。鷹司平通は前田美智子と心中事件を起こしたのではなく、事故死したというわけだ。

この事件については、『昭和天皇実録』第十四（東京書籍、二〇一七年）にも興味深い記述がある。それによると、昭和天皇が吹上御所で鷹司平通の死を侍従長の稲田《いなだ》周一《しゅういち》から知らされたのは、一月二十八日の夜半であった。稲田が天皇にどういう説明をしたのかは記されていない。しかし天皇は一月二十九日、「鷹司平通一昨二十七日死去につき、お出ましをお控え」になっている。そして二十九日には侍従の入江相政《いりえすけまさ》を、三十日には同じく侍従の徳川義寛《とくがわよしひろ》を千駄ケ谷の鷹司邸に遣わし、三十一日に千代田区三番町の宮内庁分室で行われた葬儀にも、入江を遣わしている。

それだけではない。天皇は、鷹司が死去して十四日目に当たる二月九日には、「故鷹司平通二七日《ふたなのか》につき、お出ましを控えられ」た。また三月十六日には、「故鷹司平通四十九《しじゅうく》日《にち》に当たるため、内廷庁舎へのお出ましを控えられ」ている。さらに五月六日にも、「故鷹司平通百箇日《ひゃっかにち》忌日につき、午前中は内廷庁舎へのお出ましを控えられる」という記述がある。

言うまでもなく、二七日も四十九日も百箇日も、仏教の法要日に当たる。天皇が近親者の死を仏教式に追悼している事例は、『昭和天皇実録』を見る限り、鷹司平通のほかには見当たらない。昭和天皇は、鷹司平通が通常とは異なる仕方で死去したことの重大さをよくわかっていたからこそ、従来の神道式によらず、あえて仏教式のしきたりに従ったのではなかろうか。

元号と駅名

鉄道マニアの間では、「平成」の次の元号は「熊本」になるとささやかれていた。もちろん、地名が元号になることはあり得ないので、現実的な可能性はなかった。それなのに、なぜこんな噂が広まったかというと、熊本と大分を結ぶＪＲ豊肥《ほうひ》本線に「平成」という駅があり、その隣が「熊本」だからだ。

平成駅は、一九九二（平成四）年七月に開業した。平成になってから、駅の周辺が住宅地として開発され、「平成」という地名が付いたことから、新駅が開業する際にその地名がとられたという。熊本市内の行政区域に合わせての命名ということだ。

しかし、現上皇は平成駅に降り立ったことはもちろん、この駅を通過したこともない。皇太子時代に皇太子妃とともに熊本市を訪れ、豊肥本線に乗ったことはあるが、当時はまだ平成駅がなかった。平成駅と現上皇の間には、いかなる関係もないのだ。

「昭和」という駅もある。横浜市鶴見区の鶴見と川崎市川崎区の扇町《おうぎまち》を結ぶＪＲ鶴見線の沿線にあり、一九三一（昭和六）年三月に鶴見臨港鉄道の昭和停留場として開業している。昭和という駅名は、駅前に昭和肥料の工場があったことに由来していた。一九三九年六月、昭和肥料は日本電気工業と合併し、昭和電工となった。四三年七月には鶴見臨港鉄道が国有化されて鶴見線となり、昭和停留場も昭和駅に昇格した。

昭和天皇も鶴見線に乗ったことはない。だが昭和電工を訪れたことはある。たとえ昭和駅に降り立たなくても、すぐ近くまで来ていることになる。

一九四六（昭和二十一）年二月十九日。この日は戦後巡幸の初日であった。天皇は、五四年まで続く巡幸の記念すべき第一歩を、川崎市の昭和電工で踏み出したのだ。『昭和天皇実録』第十（東京書籍、二〇一七年）の同日条から引こう。

午前九時自動車にて御出門になり、同四十五分、川崎市扇町の昭和電工株式会社川崎工場に着御される。天幕張の御休所において取締役社長森暁《さとる》より、硫酸アンモニウム等の化学肥料を主として製造する同工場の概況及び戦災・復興状況につき、ついで川崎市長江辺清夫《えべきよお》より川崎市内工場地区の戦災及び復興状況につき、それぞれ説明をお聞きになり、工場長渡瀬完三・技師長中村健次郎の案内にて工場内を廻られ、硫安生産の実状を御視察になる。途中、従業員に対し、生活状態について御下問になり、また激励の御言葉を賜う。

背広服に中折れ帽姿の昭和天皇が初めて一般国民と会話を交わしたのは、この工場だった。昭和という駅のすぐ近くで、天皇は「人間」になるためのぎこちない第一歩を踏み出した。天皇の肉声はマイクに録音され、ＮＨＫのラジオで放送されることになる。

こうして見ると、昭和駅と昭和天皇の関係は、全くないとはいえない。それどころか新たな昭和が、この駅の近くから始まったともいえるのだ。

「大正」という駅もある。正確には三つある。最初にできたのは長崎県を走る島原鉄道の大正駅で一九五五（昭和三十）年三月。次いでＪＲ大阪環状線の大正駅で六一（昭和三十六）年四月。最後に大阪市営地下鉄長堀鶴見緑地線《ながほりつるみりよくちせん》の大正駅で九七（平成九）年八月。

廃止された駅まで含めれば、北海道の帯広と広尾を結んでいた国鉄広尾線にも大正駅があった。幸震《こうしん》という駅が、四四年四月に大正と改称されて生まれた駅だ。

島原鉄道の大正駅は、南高来《みなみたかき》郡大正村（現・雲仙市）にあったことに由来し、ＪＲ大阪環状線や大阪市営地下鉄の大正駅も、大阪市大正区にあったことに由来する。広尾線の大正駅も、河西《かさい》郡大正村（現・帯広市）にあったことから改称された。

もちろんどの駅も、大正天皇とは何の関係もない。だが明治、大正、昭和、平成のなかで最も年数が短く、天皇の存在感も薄かった時代の元号にちなむ駅名だけが複数あるのは実に興味深い。

逆に「明治」という駅はない。かつて東京府西多摩郡に明治村（現・あきる野市）があったし、神奈川県高座《こうざ》郡にも明治村（現・藤沢市）があった。しかしどちらも、村内に駅ができないうちに村自体が消滅してしまった。

ちなみに高知県の若井《わかい》と愛媛県の北宇和島を結ぶＪＲ予土《よど》線には、土佐大正、土佐昭和と、元号に由来する駅が二つ続けてある。土佐大正は大正天皇の即位を記念して改称された大正村（現・四万十町《しまんとちょう》）、土佐昭和は昭和天皇の即位を記念して改称された昭和村（同）からとられている。

平成の次の元号が、いまある鉄道の駅名と同じになることはあり得ない。だが平成駅のように、元号に由来する行政区域が生まれ、新駅が生まれる可能性はある。そう思っていたら、二〇一九（令和元）年八月に福岡県を走る平成筑豊鉄道田川線に令和コスタ行橋《ゆくはし》駅が開業した。行橋市の複合商業施設「コスタ行橋」に「令和」をかぶせたのは、令和改元以降初の新駅開業だったからだという。令和という行政区域が生まれたから新駅ができたわけではなかった。

駅と西武と

変わる駅名、変わらない駅名

一九六二（昭和三十七）年十二月、東京都に隣接する埼玉県草加《そうか》市に草加松原団地が完成し、入居が始まった。日本住宅公団（現・UR都市機構）が建設したこの団地は、総戸数が五千九百二十六戸と、当時郊外に建てられた団地のなかでは最も多く、「東洋一のマンモス団地」と呼ばれた。これに合わせて東武鉄道は、伊勢崎線の草加—新田《しんでん》間に松原団地駅を開業させた。

このころは団地ブームで、六〇年三月に開業した小田急小田原線の百合《ゆり》ヶ丘《おか》や六一年八月に開業した新京成線の高根《たかね》公団《こうだん》、あるいは五九年二月に改称した西武新宿線の新所沢《しんところざわ》や同年五月に改称した西武池袋線のひばりヶ丘などの駅名も、公団の団地の名称に由来していた。「大学」や「遊園地」などと同様、「団地」にちなむ駅名を付けることで、「団地族」の利用客が増え、沿線イメージが上がる時代があったのである。

しかし二〇〇三（平成十五）年には早くも、UR都市機構が草加松原団地の建替え事業に着手したことで、団地の景観は変わっていった。四階建ての中層フラット棟や二階建てのテラスハウスは、住友不動産が開発した「シティテラス草加松原」などの高層マンションに建て替えられ、もはや団地とは呼ばれなくなった。二〇〇六年頃からは、「松原団地駅周辺の環境が大きく変わっている」として、地元住民が駅名変更を求める運動を始めている。

二〇一四年には駅に近い旧日光街道の松並木「草加松原」が国名勝に指定されたのを機に、地元の経済界を中心に駅名変更を求める協議会が設立された。こうした動きを受けて、東武鉄道は一七年四月に松原団地駅を「獨協《どっきょう》大学前〈草加松原〉」に改称すると発表した。

「団地」の付く駅名が、開業から五十五年にして「大学」の付く駅名に変わる――この駅名改称は私にとって衝撃的であった。それはいまなお、「大学」が沿線イメージを上げると思われているのに対して、「団地」は地元住民にとっても、完全にその逆になっていることを暗示しているからである。

草加松原団地だけでなく、百合丘団地やひばりが丘団地や新所沢団地ももはやない。もし百合ヶ丘やひばりヶ丘や新所沢が、松原団地と同じように「団地」の付いた駅名だったら、同じく駅名改称（ないしは再改称）の運命をたどったことは十分に考えられる。幸いにも「団地」が付かなかったがゆえに、地元住民ですら駅名の由来をわからなくなっているのだ。そう考えると、いまはなき日本住宅公団の「公団」が付いている高根公団の駅名が今後どうなるかが、俄然気になってくる。

一方、「大学」の付く駅名は一貫して増えている。そればかりか、東急東横線の学芸大学や都立大学のように、いまや大学が移転しているにもかかわらず、地元住民の運動により駅名がしぶとく残っているケースもある。

つまり松原団地のように、駅周辺の環境が大きく変わったからと言って、地元住民が実態に見合うよう駅名変更の運動を起こすとは限らないのだ。逆に学芸大学や都立大学のように、たとえ駅名が実態に見合っていなくても、地元住民がその駅名に愛着を感じていれば、変えないように運動することも大いにあり得る。

同様のケースは、かつて都立中野高等家政女学校（現・都立鷺宮《さぎのみや》高校）が存在した西武新宿線の都立家政や、かつて遊園地が存在した小田急小田原線の向ヶ丘遊園、西武豊島線・都営地下鉄大江戸線の豊島園《としまえん》などにも当てはまるかもしれない。あるいは京王《けいおう》線の聖蹟桜ヶ丘や小田急小田原線の相武台前《そうぶだいまえ》、JR相模線の相武台下も、天皇の神格化が進んだ昭和初期に改称されたことを踏まえれば再改称されてしかるべきだが、もはや駅名の由来は忘却され、地元でもそれらの駅名が完全に定着してしまっている。

ではなぜ「団地」だけが忌避されるのか。確かに団地のイメージはよくないかもしれないが、だからと言って「大学」のイメージがよいわけでもない。逆に大学ができると大勢の大学生が乗り降りするようになり、駅から大学までの道は大学生に占領され、地元住民が迷惑する場合もある。それなのに駅名に「大学」を付けたがるのは、高齢者しか住んでいないイメージの付きまとう「団地」よりも、若者が多く利用しているイメージが付く「大学」の方がよいと判断するからだろう。

だが、私自身が再三触れているように、団地はまさにいま変わろうとしている。UR都市機構自体、高層マンション化ではない形の団地再生のための実験をいろいろと行っており、それがいったん離れた若者の団地回帰を促してもいる。これから「団地」に愛着をもつ住民が出てこないとも限らないのだ。駅名が示す対象があるかどうかに関係なく、いまの地元住民の声だけを根拠に、駅名が変わったり変わらなかったりするのは果たして望ましいのか。将来にわたり誰もが利用し得る駅の公共性を踏まえると、疑問なしとしないのである。

温泉の付く駅名

一九一四（大正三）年四月二十二日、長州鉄道（現・JR山陰本線）の東下関《ひがししものせき》（現在は廃止）——小串《こぐし》間が開通し、その沿線に川棚《かわたな》温泉という駅が開設された。当時すでに、熱海や城崎《きのさき》（現・城崎温泉）、道後《どうご》（現・道後温泉）、別府《べっぷ》など、温泉の下車駅は全国にいくつかあった。だが管見の限り、「〇〇温泉」がそのまま駅名となったのは、川棚温泉が初めてであった。

前例を破ってわざわざ「温泉」を付けたのは、長崎本線（現・JR大村線）に川棚という駅があったからだ（『豊浦町史』、豊浦町役場、一九七九年）。しかし実際には、川棚温泉は駅から約二キロも離れていた。このため、駅と温泉を結ぶ温泉鉄道という会社が設立され、同年六月に着工したが、線路の敷設までには至らなかった。線路を敷設するはずだった道路にはタクシーが走るようになり、昭和になると道路も拡張された（同）。

一九一五年一月には秋田鉄道（現・JR花輪《はなわ》線）に大滝《おおたき》温泉駅が、同年十二月には登別《のぼりべつ》温泉軌道（現在は廃止）に登別温泉駅が開業した。いずれも、私鉄の駅であった。川棚温泉駅も大滝温泉駅も、長州鉄道や秋田鉄道が国有化されると国有鉄道の駅になるが、はじめから国有鉄道として開業した線には、たとえ温泉の下車駅でも「温泉」を付けなかった。この慣例は、日本国有鉄道（国鉄）発足直前の四九（昭和二十四）年五月十一日に山陰本線の湯町《ゆまち》が玉造《たまつくり》温泉に改称されるまで破られることはなかった。

大正期には、より積極的に温泉の付く駅を開業させ、沿線の温泉を売り物にする会社が現れた。電力会社の盛岡電気工業（後の花巻《はなまき》電鉄）である。盛岡電気工業は二一（大正十）年に岩手県の花巻と志戸平《しどたいら》温泉前、高倉山温泉、鉛《なまり》温泉、西鉛温泉の各駅を結ぶ温泉軌道（後の鉛線）を合併したのに続き、阪急の創業者である小林一三《こばやしいちぞう》が開設した宝塚新温泉をモデルとする花巻温泉の開発に乗り出し、二五年八月には西花巻と花巻温泉を結ぶ花巻温泉線を開業させ、鉛線の大沢を大沢温泉に改称した。こうして花巻近郊は、日本で最も温泉駅が密集する地域となった。

大正期になると、植民地の朝鮮でも温泉の付く駅が誕生している。まず一九二一年十一月に朝鮮総督府鉄道長淵線に信川温泉駅が開業したのに続き、二二年六月には朝鮮京南鉄道忠南線に温陽温泉駅が開業した（『日本鉄道旅行地図帳　歴史編成　朝鮮　台湾』、新潮社、二〇〇九年）。ちなみに現在もなお、信川温泉《シンチョンオンチョン》駅は朝鮮民主主義人民共和国の殷栗《ウンリュル》線に、温陽温泉《オニャンオンチョン》駅は韓国の長項《チャンハン》線と長項電鉄線にある。

大正末期以降、首都圏にも温泉の付く駅が開設されるようになる。

その先駆けとなったのは、一九二六（大正十五）年二月に開業した東京横浜電鉄（現・東急東横線）の綱島《つなしま》温泉である。開業の翌年には電鉄直営の温泉浴場が開場し、最盛期には約八十軒の温泉旅館が軒を並べた（今尾恵介『消えた駅名』、講談社＋α文庫、二〇一〇年）。続いて三〇（昭和五）年三月には、小田原急行鉄道（現・小田急小田原線）の鶴巻《つるまき》が鶴巻温泉に改称されている。

しかし、戦況が悪化する四四年十月二十日には、綱島温泉と鶴巻温泉の二つの駅名から「温泉」が消えた。「駅名から温泉の文字が外れたのは『遊楽旅行廃止』のスローガンが全国に行き渡っていた頃であったからだろうか」（同）。このほか、松本駅前と浅間《あさま》温泉を結んでいた松本電気鉄道の浅間温泉も、ほぼ同時に「温泉」が外され、浅間に改称されている。

もっとも、時局に迎合して駅名を改称したのはこの三駅ぐらいで、それ以外の温泉駅は変わらなかった。温泉は必ずしも遊楽旅行を意味するわけではなく、傷痍《しょうい》軍人温泉療養所が全国各地に建てられたように、戦争とも深く関わっていたからではないか。

戦争が終わり、高度成長の時代に入ると、「温泉」を外していた駅も旧称に戻り、浅間は浅間温泉に、鶴巻は鶴巻温泉に再び改称された。だが網島だけは、東京からあまりに近く、宅地化が進んだのに伴い温泉旅館が激減し、二〇〇八（平成二十）年には旅館業がすべて廃業したせいか、改称されないまま今日に至っている。

六〇～七〇年代には、国鉄の駅と郊外の温泉を結んでいた中小私鉄が次々に廃止され、温泉駅が減った。具体的にいえば、六一年に仙南交通の秋保《あきう》温泉が、六二年に草軽《くさかる》電気鉄道の草津温泉と北陸鉄道の粟津《あわづ》温泉が、六四年に松本電気鉄道の浅間温泉が、六九年に花巻電鉄の志戸平温泉、大沢温泉、高倉山温泉、鉛温泉、西鉛温泉が、七二年に花巻電鉄の花巻温泉が廃止されている。こうして花巻近郊には、温泉駅が一つもなくなった。

その一方、七〇年代には「温泉」を駅名に付けることに慎重だったはずの国鉄に、温泉駅が次々と誕生する。七〇年に北陸本線の作見《さくみ》が加賀温泉に、七二年に北陸本線の金津《かなづ》が芦原《あわら》温泉に、七七年に羽越《うえつ》本線の温海《あつみ》があつみ温泉に改称された。金津と温海はもともと特急の停車駅であったが、作見は特急どころか急行も停まらない小駅にすぎなかった。隣接する動橋《いぶりはし》と大聖寺《だいしょうじ》の両駅が片山津、山代《やましろ》、山中の各温泉を巻き込み客の争奪戦を繰り広げたため、両駅の中間にあった作見を加賀温泉に改称し、特急や急行の停車駅にして各温泉の玄関口にしたのである。

八七年にＪＲが発足すると、温泉駅がますます増える。中には宮城県の小牛田《こごた》と山形県の新庄《しんじょう》を結ぶ陸羽東線《りくうとう》のように、五つの駅が温泉の付く駅に改称され、「奥の細道湯けむりライン」という愛称名まで付けられた線もある。乗降客数の減少に悩む地方の駅にとって、温泉こそは究極の付加価値と認識されているからだ。

「前」にこだわる小田急

東急東横線と目黒線と多摩川線が乗り入れる多摩川駅は、数奇な歴史をたどっている。一九二三（大正十二）年に目黒蒲田電鉄《めぐろかまた》（現・東急目黒線および多摩川線）の多摩川駅として開業したが、東京横浜電鉄（現・東急東横線）が開業した二六年に丸子多摩川《まるこ》に改称し、三一（昭和六）年には駅前に開設された多摩川園遊園地の名をとって多摩川園前に改称した。ところが七七年には「前」が取れて多摩川園という駅名になり、七九年に多摩川園遊園地が閉園したのに伴い、二〇〇〇（平成十二）年に開業当初の多摩川に駅名が戻っている。

ここで不思議なのは、なぜ七七年に多摩川園前を多摩川園に改称したのかである。実は同時に東急田園都市線の二子新地前《ふたこしんち》も二子新地に改称されている。この結果、東急全体で「前」の付く駅は、目黒線の不動前《ふどう》と世田谷線の松陰神社前《しょういんじんじゃ》だけとなった。かつて東急東横線沿線にあった東京学芸大学や東京都立大学も、学芸大学や都立大学の駅から少し離れていたにもかかわらず、そのものズバリの駅名になっている。どうやら東急は、「前」などが付かないシンプルな駅名が好きなようだ。

同様の傾向は、京成にも見られる。かつて京成本線と千葉線には、センター競馬場前と国鉄千葉駅前という、二つの「前」の付く駅があった。センター競馬場前の「センター」は五五年に開業した総合レジャー施設「船橋ヘルスセンター」を、「競馬場」は船橋競馬場を意味する。しかし七七年に船橋ヘルスセンターがなくなり、八七年三月三十一日をもって国鉄も解体されると、京成は翌四月一日にセンター競馬場前を船橋競馬場に、国鉄千葉駅前を京成千葉にそれぞれ改称した。この結果、京成には「前」の付く駅が一つもなくなった。

東急や京成と全く逆の傾向を見せているのが小田急である。そもそも二七年に新宿─小田原間が開業したときから成城《せいじょう》学園前という駅があった。「前」の付く駅（路面電車の停留場を除く）としては、京急の花月園前（現・花月総持寺）や東急の不動前などに次いで早い例に属する。

その後も小田急では「前」の付く駅が増えてゆく。二九年に玉川学園前駅が開業し、三七年には座間（現在の座間とは別）が士官学校前に改称された。士官学校とは陸軍士官学校のことで、同年に東京の市ヶ谷から座間に移転してきた。さらに昭和天皇が陸軍士官学校のある場所（現・在日米軍キャンプ座間）を相武台と命名したのに伴い、四一年には相武台前に改称されている。

だが、相武台前駅から陸軍士官学校までは一キロ以上も離れており、「前」と呼ぶには遠すぎた。このいささか強引な駅名改称の背景には、ほぼ同時期に京王の関戸が聖蹟桜ヶ丘に改称されたのと同様、天皇の神格化が強まるこの時期に忠誠心を示そうとする、鉄道会社の時流に便乗した戦略があったように思われる。

六四年には読売ランド（現・よみうりランド）の正式開園に先立ち、西生田《にしいくた》が読売ランド前に改称された。「読売ランド前という駅名」（『鉄道ひとつばなし2』、講談社現代新書、二〇〇七年所収）で触れたように、これもまた明らかに強引な駅名改称であった。前年の元日、『読売新聞』は一面を使って「世界に誇る『読売ランド』百二十余万坪に建設」の大見出しを掲げていた。東京ディズニーランドがまだなかった当時、読売ランドこそは米国のディズニーランドに匹敵する大遊園地と考えられた。駅から二キロ近くも離れていたにもかかわらず「前」としたのは、相武台前に改称された時代とは対照的に、戦後の高度成長期に勃興したレジャーブームにふさわしい駅名にしたかったからではなかろうか。

小田急の「前」に対するこだわりは、これで終わったわけではなかった。八七年に大根《おおね》が東海大学前に、九八年に六会《むつあい》が六会日大前にそれぞれ改称されている。学校に「前」を付ける習慣が開業当時の成城学園前から始まっていることを踏まえれば、一種のお家芸と言ってもよい。この結果小田急では、「前」の付く駅が六つに増え、東京メトロを除く関東私鉄のなかで最も多くなった。

学校や遊園地などに「前」を付けて駅名にする発想は、国鉄にはあまりなかった。かつて日本一長い駅名として知られていた中央線支線（下河原《しもがわら》線）の東京競馬場前駅も、武蔵野線の開業に伴い七三年三月に廃止されている。けれども国鉄末期から、大学などの学校に「前」を付けた駅が開業したり、既存の駅名をそのように改称したりするケースが少しずつ目立ってきた。中でもＪＲ九州では現在、九州工大前、教育大前、福工大《ふっこうだい》前、九産大前、崇城《そうじょう》大学前、東海学園前、小波瀬西工大《おばせにしこうだい》前、大分大学前、神村《かみむら》学園前、久留米高校前、久留米大学前、糸島《いとしま》高校前と、実に十二もの「学校名＋前」駅がある。

これをＪＲ九州の「小田急化」と呼ぶこともできよう。同じＪＲ九州には、けやき台、弥生《やよい》が丘、美咲《みさき》が丘のように、東急田園都市線のすずかけ台や藤が丘とよく似た名前の駅も福岡近郊に次々に誕生しているから、「東急化」も進んでいる。正確に言えば、駅名に「前」を付ける点では東急でなく小田急を模倣し、駅名に「平仮名＋台」や「が丘」を付ける点では小田急でなく東急を模倣しているのかもしれない。いずれにせよＪＲの私鉄化が進んだということだ。

郷愁の上野駅

二〇一五（平成二十七）年三月十四日のダイヤ改正で、上野駅が大きく変わった。上野東京ラインが開通することで東北本線、高崎線、常磐《じょうばん》線の電車が上野から東京を経て東海道本線の品川、横浜方面に直通運転を始めた一方、寝台特急「北斗星」が廃止されることで上野発着の定期客車列車が全廃されたからだ。同日に開業した北陸新幹線も、東北、上越新幹線などと同様、上野でなく東京が発着駅となった。

上野発着の在来線が完全になくなったわけではないにせよ、この改正で上野がターミナルとしての性格を大きく失ったのは間違いない。鉄道網の「東京（駅）一極集中化」がますます進んだということだ。

政治的には中央集権体制だった明治時代のほうが、現在よりも東京のターミナルは分散していた。東海道本線は新橋、中央本線は飯田町《いいだまち》（後に御茶ノ水、昌平橋《しょうへいばし》、万世橋《まんせいばし》。昌平橋駅は一九一二年に廃止）、東北本線や常磐線は上野、総武本線は両国橋（現・両国）がターミナルだったからだ。ロンドンやパリなどでは、いまでもそうなっている。ところが一九一四（大正三）年十二月に東京駅が開業してから、鉄道網は少しずつ東京駅中心に変わっていった。まず万世橋と飯田町のターミナルがなくなり、両国も七二（昭和四十七）年の総武本線東京駅乗り入れにより、ターミナルとしての性格を大きく失った。最後の砦だった上野も、ついに単なる通過駅となるわけである。

私にとっての上野駅の最初の記憶は、七〇（昭和四十五）年七月にまでさかのぼる。当時は小学二年生で、青森県の八戸《はちのへ》に住んでいた親戚の家に行くために、上野から特急「はつかり1号」に乗った。「はつかり」は583系と呼ばれる青とクリーム色のツートンカラーが鮮やかな寝台特急電車で、昼間の特急にも使われていた。

地上ホームに当たる17番線に10時1分に入線した「はつかり1号」は、15分に発車した。隣の16番線には、仙台ゆきの特急「ひばり」が入線していた。こちらは485系と呼ばれる赤とクリーム色のツートンカラーで、先頭車はボンネット形をしていた。私と妹は父親に連れられ、「はつかり」と「ひばり」の先頭車の前で立たされて、一枚ずつ写真を撮られたのだった。

当時は14番線から17番線までが、東北本線の特急や急行が発着するホームに当たっていた。子供心にも、山手線や京浜東北線と同じ高架ホームを発着する高崎線や上信越線の特急より、頭端式の地上ホームを発着する東北本線の特急のほうが、風格があるように見えた。

高校一年の夏休みに当たる七八年八月、北海道の国鉄の全区間乗車を果たしたときには、青函連絡船で青森に戻るや、5時9分発の臨時の客車急行「十和田51号」に乗った。この急行は東北本線と常磐線を経由し、十二時間あまりかかって上野駅の20番線に17時19分に着いた。その途端に「うえの〜」という長いアナウンスの声がホームに響きわたり、続いて「臨時急行十和田51号、ただいま20番線に到着いたしました。長らくのご乗車、お疲れさまでした」と放送された。終着駅としての上野が他のターミナルにない空気を醸し出していることに気づいたのは、このときが初めてだったかもしれない。

八二年には東北、上越新幹線が暫定開業した。起点は大宮で、上野にはまだ乗り入れていなかったが、十一月十五日にダイヤ改正があった。最も衝撃的だったのは、上野を発着する客車の普通列車が消えたことである。電車とは異なり、電気機関車が手動扉の客車を引っ張る、昔ながらのSLの面影を残す列車が全廃されたのだ。

当時、客車の普通列車は高崎線に一往復、常磐線に三往復を残すのみとなっていた。特に常磐線の列車は、上野と平《たいら》（現・いわき）や浪江《なみえ》、仙台を結んでいて、その多くは地上の19番線を発着ホームにしていた。例えば、上野駅の19番線を12時36分に出る客車列車は、水戸で十一分、平で三十八分、原ノ町《はらのまち》で十六分停車し、終点の仙台に21時32分に着いた。逆に福島県の浪江を6時に出る客車列車は、平で八分、水戸で七分停車し、上野の19番線に11時36分に着いた。首都圏でこれほどの長距離鈍行が何本も走っていたのは、交流区間の多い常磐線だけであった。

私はこの上野ゆきの列車に我孫子《あびこ》から二回ほど乗ったことがある。すでに客車の普通列車自体に希少価値があったので、我孫子―北千住《きたせんじゅ》間で並走する常磐線の普通電車や日暮里《にっぽり》―上野間で並走する山手線や京浜東北線の電車の乗客は、いっせいにこちらを見ていた。列車が徐々に速度を落として上野駅の19番線にすべり込むと、まだ完全に停まらないうちから次々に乗客が飛び降りた。

八五年三月に東北・上越新幹線が上野まで延長されたのに続いて、八八年三月には青函トンネルが開通し、上野と札幌を結ぶ寝台特急「北斗星」が三往復（うち一往復は季節列車）新設された。思えばこのころが、上野の最後の黄金時代であった。九一年六月には東北・上越新幹線がさらに東京まで延長されたからだ。

二〇一五年三月十三日の19時3分には、最後の客車列車に当たる「北斗星」が上野を出た。それとともに、「ふるさとの訛なつかし停車場の人ごみの中にそを聴きにゆく」と石川啄木《いしかわたくぼく》が詠んだ「停車場」の面影もまたほぼ消えたのである。

再び東京（駅）一極集中化を論ず

元禄三（一六九〇）年から約二年間、オランダ商館付の医師として長崎の出島に滞在し、元禄四年と五年には連続して江戸に参府して将軍綱吉にも謁見したエンゲルベルト・ケンペルは、『江戸参府旅行日記』（斎藤信訳、平凡社東洋文庫、一九七七年）のなかで、自らが通った街道についてこう述べている。

――日本国内の仕来《しきた》りに従っていうと、上りの、すなわち都（Miaco）に向って旅する者は道の左側を、下りの、つまり都から遠くへ向う者は、右側を歩かねばならないのであって、こうした習慣は定着して規則となるに至った。これらの街道には、旅行者に進み具合がわかるように里程を示す標柱があって距離が書いてある。江戸の代表的な橋、特に日本橋つまりヤーパンの橋と名付けられている橋を一般の基点としているので、旅行中自分たちがこの橋または首都からどれだけ離れているかを、すぐに知ることができる。

江戸時代は分権的な体制で「日本」という観念は一般にまだなく、明治になって中央集権化が達成されることで初めて国民国家が誕生する——歴史学界で共有されるこうした通念を、ケンペルの記述は見事に裏切っている。なぜなら彼は、十七世紀の段階で早くも日本には日本橋を中心とする全国的な街道網、しかも後の鉄道網と同じ左側通行の街道網が確立され、いかなる地方であろうが日本橋からの道のりを数値で正確に知ることができたと証言しているからだ。ドイツで生まれ育ち、スウェーデンからロシア、ペルシア、蘭領インド（ジャワ）、シャムを経由して来日したケンペルにとって、極東の島国にこうしたシステムが確立していたこと自体、驚異であったに違いない。

それだけではない。十七世紀前半に制度化された参勤交代は、二世紀あまりにわたって全国の大名が国元と江戸の間を結ぶ街道を定期的に往復する光景を現出させた。政治学者の渡辺浩が指摘するように、「それは、どこが政治的首都であり、誰が全国の最高権力者であるかを、疑問・反論の余地なく表示」したのである（『東アジアの王権と思想』、東京大学出版会、一九九七年）。

ところが明治になり、街道に代わって鉄道が敷かれるようになると、この日本橋一極集中システムは崩れてゆく。

明治五（一八七二）年には官設鉄道（東海道線）の新橋─横浜間が開通するが、新橋は日本橋に代わる中心にはなり得なかった。私鉄の日本鉄道は上野を、甲武鉄道は飯田町《いいだまち》（現在は廃止）や御茶ノ水を、総武鉄道は本所《ほんじょ》（現・錦糸町《きんしちょう》）や両国橋（現・両国）を、列車や電車のターミナルにするからである。日本の鉄道建設は英国の指導によるところが大きかったが、鉄道網もまたターミナルが分散していたロンドンに倣ったように見える。明治天皇が地方を行幸する際に使う駅も、目的地によって新橋、上野、本所、新宿という具合に使い分けていた。

このような状況を一変させるべく建設されたのが、一九一四（大正三）年に開業する東京駅である。日本橋が江戸城とは直接つながらず、歴代の将軍も日本橋を渡らなかったのに対して、植民地を含めた全国の鉄道網の中心となる東京駅は、行幸通り（東京駅と皇居を結ぶ通り）を介して宮城（皇居）とつながっていた。

つまり東京駅は、天皇のための駅として建設されたのだ。江戸時代の街道同様、鉄道もまた東京駅を中心として「上り」「下り」と呼ばれ、どの地方であろうが東京からの正確な距離がわかるようになる。

こうして理念的には東京駅が日本橋に代わる中心となるわけだが、現実的にはまだ東京のターミナルは分散していた。一九（大正八）年に万世橋《まんせいばし》（現在は廃止）―東京間が開通して中央本線の起点が東京になっても、新宿や飯田町はターミナルとしての機能を失わなかったし、二五年に上野―神田間が開通して上野と東京がつながっても、上野は東北本線や高崎線、常磐線のターミナルであり続けた。したがって昭和天皇も地方行幸の際に毎回東京駅を利用したわけではなく、上野駅や二五年に大正天皇のために新設された原宿《はらじゅく》宮廷ホームを頻繁に使っている。

敗戦によりGHQのもとで民主化が進むと、明治以来の中央集権体制は否定され、天皇も憲法上は一切の権力を失った。けれども鉄道という観点から見れば、分権化が進んだかに見える戦後のほうが、かえって東京駅への一極集中化が加速した。

その流れを推し進めたのが新幹線である。二〇一五（平成二十七）年三月の北陸新幹線金沢延伸と一六年三月の北海道新幹線開業により、全国二十六の道府県が新幹線によって東京駅と直結した。また上野東京ラインが開通したことで、茨城県も東京駅とつながった。既存の在来線を走る特急、快速や長距離バスまで含めれば、東京駅から直接行ける道府県は四十にのぼる。

一二年十月には、東京駅の丸の内駅舎が開業当時のままに復原され、天皇の玄関駅としての姿がよみがえった。日本の近現代史を「中国化」と「再江戸時代化」というキーワードで斬って見せた與那覇潤《よなはじゅん》『中国化する日本　日中「文明の衝突」一千年史』（文藝春秋、二〇一一年。増補版は文春文庫、二〇一四年）に倣って言えば、いまほど「再江戸時代化」が進んだ時代はないようにも見えるのだ。

鉄道画家・福島尚の世界

ここに一枚の絵がある。

西武池袋《せいぶいけぶくろ》線と新宿《しんじゅく》線が乗り入れる所沢《ところざわ》駅の構内を描いた絵だ。1番線ホームの東村山寄《ひがしむらやま》りから見た1、2番線が、画面いっぱいに描かれている。新宿線の下りに当たる1番線には準急本川越《ほんかわごえ》ゆきの電車が、新宿線の上りに当たる2番線には急行西武新宿ゆきの電車が、それぞれ最後部と最前部の運転台に備えられた方向幕（行先を表示するための幕）と種別板（準急や急行であることを示す板）を見せながら停まっている。

準急本川越ゆきの電車は、赤とクリームの塗装や角張った車体から、451系とわかる。また急行西武新宿ゆきの電車は、黄色い塗装、やや前面に張り出した運転台、そして側面のドアなどから、旧101系とわかる。どちらも、すでに新宿線から引退した車両である。

方向幕の下に設置された「準急」や「急行」の種別板はやや大きい。私が西武沿線に住んでいた頃はもっと小さかった。この種別板が大きくなったのは一九七九（昭和五十四）年、451系が西武多摩川線を最後に引退し、西武鉄道から完全に消えたのは一九八四年であった。それ以前に新宿線からは引退していたので、この絵ではだいたい一九八〇年前後の所沢駅構内の光景が描かれていると見ることができる。

それにしても、見れば見るほど精密に描かれている。二つの車体はもとより、銀色に光る線路、ホームの白線、架線を支えるために屋根の上にそびえる電柱、さらには後方に控える跨線橋に至るまで、写真かと見まがうばかりの生々しさが迫ってくる。

だが、これは写真ではない。冒頭に述べたごとく、絵なのである。その証拠に、よく見ると画面の右下に白字で書かれた「尚」というサインが入っている。

この絵は、二〇一六（平成二十八）年に二見《ふたみ》書房から出された『福島尚《ふくしまひさし》鉄道画集　線路は続くよ』に収められている。福島さんは一九六九年生まれ。自閉症を抱えながら幼い頃に鉄道が好きになり、見ながらでないと描けないはずの電車を記憶だけで描くことができたという。所沢駅構内を描いた絵も、制作は二〇一六年とある。ということは、福島さんが小学校高学年か中学一、二年生の頃の記憶をもとに描いたのだろう。天才的な記憶力としか言いようがない。

福島さんは、小学一年生のときからずっと現在の埼玉県日高市に住んでいる。したがって上京する場合、高麗《こま》か東飯能《ひがしはんのう》から西武池袋線に乗ることが多かったと思われる。所沢で西武新宿線に乗り換えたときの記憶が、この絵を描かせたのではなかろうか。

所沢は、七〇年代まで西武沿線に住んでいた私にとっても、思い出深い駅の一つである。私にとっての所沢駅は、橋上駅となり、東京メトロや東急と相互乗り入れを始め、ステンレスやアルミの車両がどんどん入ってくる現在の所沢駅ではない。1番線ホームに隣接して改札があり、池袋線も新宿線も西武鉄道でしか見られない電車が走り、時には秩父のセメントを輸送する貨物列車も乗り入れる。まるでどこかの地方の交通の要衝のような面影を残していた時代の所沢駅である。

福島さんの絵は、見る者の記憶をも呼び覚ます力をもっている。これがもし写真だったら、ここまでの力を持つことはできまい。記憶と記憶が共振し、時空を超えて絵のなかにすんなりと入って行けるかのような、恐るべき訴求力を秘めているのだ。

電化や高架化や橋上化や相互乗り入れが進むことで、首都圏の駅はどこも似たような外観になりつつある。しかし福島さんは、まさに所沢駅にしかなかったかつての光景を見事によみがえらせている。だからこそ、その固有の時間と空間を共有している私のような人間の記憶の奥底をいたく刺激するのである。

『福島尚鉄道画集』には、所沢のほか、福島さんにとってなじみの深い、自宅周辺に当たる飯能や高麗川《こまがわ》といった西武池袋線やＪＲ八高《はちこう》線などの駅、あるいはそれらの線を走る列車などを題材とする絵も多く収められている。そうした絵もまた現在ではなく、少し前の時期の風景が多い。所沢駅を描いた作品同様、記憶のなかの風景をもとにしているからだろう。

例えばＪＲ高麗川駅を描いた絵には、列車の姿がない。いや、よく見ると左端にＪＲ川越線の電車があるのだが、無視できるほど小さい。ホームもない。目に入るのは、八高線や川越線の線路、八高線下りの線路脇に立つ信号機、そして川越線の線路の向こう側に何本も敷かれた留置線だけである。これはいわゆるマニアの描き方ではない。車両に固執するのではなく、鉄道がつくり出す「場」そのものをよみがえらせようとしているからだ。

しかし、それゆえにかえってこの絵は、見る者をして過去へと自由に立ち返らせるだけの力を備えている。私はこの絵を見て、反射的に八高線や川越線がまだ全線非電化で、両線に蒸気機関車が走っていた時代を思い出した。留置線のだだっ広さが、そこに出入りを繰り返していた機関車の存在を浮かび上がらせたのだ。ないはずの存在を現前させる。そんな奇跡までも、福島さんは実感させてくれるのである。

西武鉄道に物申す

二〇一六（平成二十八）年四月十七日、西武鉄道に一つの電車がデビューした。その名を「52席の至福」という。「西武　旅するレストラン」をキャッチフレーズとし、四両編成なのに定員はたったの五十二人しかない観光電車だ。西武鉄道は、この電車のコンセプトをこう説明していた。

従来の通勤車両や特急車両とは趣を変え、西武線沿線の代表的な観光地である「秩《ちち》父《ぶ》」をモチーフとし、自然を貫く荒川の水の流れを車両のエクステリアに取り入れてダイナミックに表現します。また、車両のインテリアには沿線の伝統工芸品や地産木材を一部に使用します。
ご乗車のお客さまには、首都圏を走る電車の中であっても非日常感を楽しんでいただくため、「乗って楽しい」「食べて楽しい」をテーマにすべての座席で食事が楽しめる空間とし、乗車駅から下車駅までの景色の移ろいと美味しい料理を味わいながら、忙しい時間から解放された特別で優雅な時間をお届けします。

「52席の至福」は臨時電車で、土休日を中心に池袋線や秩父線、新宿線で運転されている。一人あたりの旅行代金は、昼間に運転される「ブランチコース」が一万円、夕方に運転される「ディナーコース」が一万五千円だという。いずれのコースも、池袋や西武新宿と西武秩父や本川越の間を二時間二十分から三時間十五分ほどかけて走り、その間に車内でブランチやディナーが提供されている。

私に言わせれば、これはＪＲ九州の豪華列車「ななつ星in九州」のコンセプトを首都圏の私鉄にも導入しようとする試みにほかならない。だが中学時代までを西武沿線で過ごし、『増補新版　レッドアローとスターハウス――もうひとつの戦後思想史』（新潮選書、二〇一九年）のような西武鉄道とその沿線文化をテーマとする著作まで書いた元沿線住民からすると、この試みには違和感を覚えずにはいられない。

そもそも、「52席の至福」にはどういう客が乗るだろうか。もちろん、西武秩父や本川越に、あるいは池袋や西武新宿に急いで行こうとする客ではない。この電車には、どこかに行くこと自体を目的とする客ではなく、車内で「美味しい料理」を味わうことを目的とする客が乗るはずだからだ。しかし、それだけのためにブランチに一万円、ディナーに一万五千円を支払うというのは、あまりにも高すぎる。

そこで西武鉄道が強調するのが、「乗車駅から下車駅までの景色の移ろい」である。「秩父」をモチーフとしているからには山々に囲まれた自然の風景を楽しんでくださいということなのかもしれないが、そんな風景が現れるのは池袋線の高麗《こま》以遠と秩父線だけだ。それ以外の区間はほぼ平坦な台地の上を走ることになる。多くの客にとって、窓の外に広がる風景は、首都圏のどこにもありそうな住宅地にしか見えないだろう。

前掲『増補新版　レッドアローとスターハウス』で記したように、実はこの一見平凡な郊外の風景のなかにこそ、百年を超える西武鉄道の沿線ならではの歴史が隠されている。例えば、池袋線のひばりヶ丘や新宿線の新所沢は、駅名そのものがいまはなき団地の記憶と結びついているし、池袋線の清瀬《きよせ》―秋津《あきつ》間の左手に広がる雑木林は、明治末期から徐々に開設された結核やハンセン病の療養所や収容施設につながっている。そうした風景は、同じ東京西部を走るＪＲ中央線にも、ましてや六〇年代に開通した東急田園都市線にも決して見られない。

西武鉄道が走らせるべき観光電車は、ＪＲ伊東線に乗り入れる伊豆急行の「リゾート21」のように、普通運賃だけで乗れながら、窓を大きくして座席を窓側に向け、要所要所で徐行や停止を繰り返しつつ、この沿線の隠れた歴史を解説してくれる電車ではないか。西武鉄道が模範とすべきは「ななつ星in九州」ではなく、同じＪＲ九州が二〇年七月の豪雨まで肥薩《ひさつ》線の人吉《ひとよし》―吉松《よしまつ》間で走らせていた「いさぶろう」「しんぺい」のような列車でなければなるまい。

もしこういう観光電車が走れば、西武沿線の住民も地元の魅力を再発見することになる。つまり、日ごろから西武鉄道を利用して下さっている沿線住民のための電車になるわけだ。だが、「52席の至福」がそういう電車になるとは到底思えない。

私がひそかに恐れたのは、東急沿線の住民のように西武沿線になじみのない客によって「52席の至福」が占拠されることである。代官山《だいかんやま》や田園調布《でんえんちょうふ》の住民がこの電車に乗り、西武線のホームで電車を待つ客を横目にブランチやディナーを味わう光景が繰り広げられることである。そして西武沿線の歴史をよく知らないまま、「なんだかパッとしないところねえ」などと表面的な印象を語り合いながら優越感に浸ることである。デビューから五年あまりが経ったいま、こうした危惧は杞憂に終わっただろうか。

脱池袋化への模索――「S–TRAIN」をめぐって

二〇一七（平成二十九）年三月二十五日、西武秩父線の西武秩父ないし西武池袋線の飯能、所沢と、横浜高速鉄道みなとみらい線の元町《もとまち》・中華街の間に有料座席指定列車「S–TRAIN《エストレイン》」が走り始めた。その二日後には、西武池袋線の所沢と東京メトロ有楽町線の豊洲《とよす》の間にも「S–TRAIN」が走り始めた。前者は土休日に上下合わせて五本、後者は平日に上下合わせて七本が運転されている。東京メトロや東急電鉄、横浜高速鉄道に乗り入れるとはいえ、主体となるのは西武鉄道である。

西武の有料座席指定列車といえば、「レッドアロー」が知られてきた。一九六九（昭和四十四）年十月の西武秩父線の開業とともに池袋―西武秩父間に走り始めた特急の愛称名である。しかし「レッドアロー」や後身の「ラビュー」（次項参照）が東武の「スペーシア」や小田急の「ロマンスカー」などと同様、はじめから特急用として製造された車両を使っているのに対して、「S–TRAIN」は東武東上《とうじょう》線の池袋―小川町《おがわまち》間に走っている

「ＴＪライナー」や京王線・京王相模原線の新宿―京王八王子・橋本間に走っている「京王ライナー」、東京メトロ日比谷線の恵比寿・霞ケ関と東武伊勢崎線の久喜《くき》の間に走っている「ＴＨライナー」などと同様、ふだんはロングシート式の通勤型電車でありながら有料の列車として走るときには中央の通路をはさんで座席が進行方向に二列ずつ並ぶ配置にも転換できる車両を使っている。

ただ、同じく池袋を通りながら、「ＴＪライナー」との違いもある。「ＴＪライナー」の座席指定料金は池袋―小川町間で上り四百七十円、下り三百七十円と、東武伊勢崎線や日光線を走る「スペーシア」より低く抑えられているのに対して、「Ｓ－ＴＲＡＩＮ」の場合は西武秩父―池袋間が七百十円と、「ラビュー」と同じ額になっている。

元町・中華街ゆきや豊洲ゆきの「Ｓ－ＴＲＡＩＮ」は、途中の練馬《ねりま》から西武有楽町線に入り、さらに小竹向原《こたけむかいはら》からは東京メトロ有楽町線や副都心線に入る。このため練馬―池袋間は、西武池袋線を経由するよりも迂回ルートをたどることになり、所沢―池袋間の所要時間も「ラビュー」より余計にかかってしまう。「ラビュー」と同じ区間に乗る限り、特急用の車両でないのに「ラビュー」と同額の料金をとられるうえ、所要時間も余計にかかるのが「Ｓ－ＴＲＡＩＮ」と言えるのだ。

なぜ西武鉄道は、ここまでして「Ｓ－ＴＲＡＩＮ」を走らせようとするのだろうか。その理由はひとえに、「脱池袋化」を図ろうとしているからとしか思えない。土休日に西武秩父—元町・中華街間に運行される「S-TRAIN」は池袋に停まると言っても、池袋で乗降する客ははじめから想定されていないかのようである。平日に所沢—豊洲間や豊洲—小手指《こてさし》間に運行される「S-TRAIN」に至っては、池袋に停まりもしない。つまり「S-TRAIN」とは、観光や通勤のほか、買い物のため有楽町、新宿三丁目、渋谷などに直行しようとする西武沿線住民のための電車なのである。

思えば池袋こそは、戦後の西武にとっての牙城であった。ターミナルに隣接する西武百貨店は、一九五五年に店長となる堤清二《つつみせいじ》のもとで、拡張に次ぐ拡張を重ねてきた。さらに六九年十一月には、西武百貨店に隣接して「池袋PARCO《パルコ》」も開店している。一九二九年に小林一三が阪急のターミナルである梅田に隣接して阪急百貨店を開店させて以来、ターミナルデパートは私鉄の経営を安定化させるための一つのモデルとして、多くの私鉄が模倣してきた。ところが西武鉄道は、自ら率先して池袋の西武百貨店やPARCOよりも他のデパートに行くのに便利な電車を登場させることになる。

ここで改めて思い出すのは、東京メトロ副都心線を介して東急東横線と西武池袋線がつながった二〇一三年三月十六日に東横線の菊名《きくな》から池袋線の所沢まで乗ったときのことだ。「菊名から所沢まで乗ってみた」(『思索の源泉としての鉄道』、講談社現代新書、二〇一四年所収）で書いたように、所沢駅の自由通路には自由が丘、横浜、馬車道《ばしゃみち》など、東横線やみなとみらい線の駅に由来するかのような店名の看板ばかりが立ち並んでいた。そして今回はいよいよ、所沢から自由が丘や横浜に直接行ける有料座席指定列車の登場と相成ったのである。

東武は、伊勢崎線の押上《おしあげ》や北千住《きたせんじゅ》で東京メトロ半蔵門線や日比谷線に乗り入れる一方、浅草に隣接する吾妻橋《あづまばし》に「東京スカイツリー」を建てた。東急もまた、東横線と田園都市線の渋谷で東京メトロ副都心線や半蔵門線に乗り入れる一方、「ヒカリエ」や「ストリーム」を建てるなど、渋谷の再開発に力を入れている。つまりどちらも相互乗り入れを進めつつ、従来のターミナルも大切にする姿勢を崩していない。

一方の西武は、池袋で乗り降りしようとすると割に合わない電車を走らせようとしている。かつて堤清二は、池袋を拠点とする限り、「堤一族」の呪縛から逃れることはできないとして、東急の牙城だった渋谷への西武百貨店進出を企てた。いま同じことが、同じ西武の鉄道部門でも起ころうとしているように見える。

レッドアローの終焉

二〇一九（平成三十一）年三月から池袋と西武秩父を結ぶ西武池袋・秩父線に、新型特急車両「Laview（ラビュー）」が走り始めた。同線を走る特急車両は、二〇年三月までにすべて「ラビュー」に置き換わり、「ニューレッドアロー」は引退した。

西武新宿と本川越を結ぶ西武新宿線にはまだ「ニューレッドアロー」が走っているものの、一九六九（昭和四十四）年十月の秩父線開業と同時に西武池袋・秩父線にデビューした「レッドアロー」は、ちょうど半世紀にして使命を終えたのである。

正確にいえば、「レッドアロー」という名の特急はない。池袋・秩父線を走っている特急は「ちちぶ」「むさし」、新宿線を走っている特急は「小江戸《こえど》」と呼ばれている。「レッドアロー」は、これらの特急を合わせた車両の愛称名として使われてきた。

この点では、小田急の「ロマンスカー」に似ている。小田急小田原線や江ノ島線にも、「はこね」「さがみ」「えのしま」などの特急が走っているが、これらの特急の総称として

「ロマンスカー」が用いられているからだ。小田急は、新型特急車両を次々にデビューさせても、「ロマンスカー」という総称そのものは変えていない。この名称が、沿線住民をはじめとする利用者の間に、広く定着したと判断しているからだろう。

「レッドアロー」もまた西武沿線では十分に定着している。にもかかわらず、なぜ西武はこの名称を捨て去ろうとしたのだろうか。

「レッドアロー」を訳すと「赤い矢」となる。同じ名称の特急が、ロシアのモスクワとサンクトペテルブルク（かつてのレニングラード）の間にも走っている。ロシア語に訳すと「クラースナヤ・ストレラー」である。ソ連のスターリン時代に当たる一九三一年から運行が始まったことから、「赤」には思想的意味があったことがわかる。

日本共産党への入党経験があり、ソ連を社会主義の理想郷と信じていたのが、長らく西武百貨店の社長をつとめていた辻井《つじい》喬《たかし》（堤清二《つつみせいじ》）であった。

辻井の回顧録『叙情と闘争　辻井喬＋堤清二回顧録』（中公文庫、二〇一二年）には、「クラースナヤ・ストレラー」に乗ってモスクワからレニングラードに向かう場面があった。秩父線開業の前日に当たる六九年十月十三日に走った「レッドアロー」の一番列車には、西武鉄道社長の小島正治郎《こじましょうじろう》や副社長の堤義明とともに、辻井も乗っている。

辻井と私との対談「社会主義を捨てなかった文人経営者の軌跡」（『中央公論』二〇〇九

年九月号所収）には、こんなやりとりが掲載されている。

原　ところで、『叙情と闘争』の中に、モスクワ―レニングラード（現サンクトペテルブルク）間の夜行列車に乗られる場面がありますね。あの特急列車の名前は「赤い矢」です。そして、西武線には特急「レッドアロー号」が走っている。（笑）

辻井　ああ、そうか。でも「レッドアロー」は僕が付けた名前じゃありませんよ。（笑）

辻井が「レッドアロー」の命名者ではないかという私の思い込みは、本人によりあっさりと否定されたが、実はもう一つ、「赤い矢」が走っている国がある。スイスである。公用語の一つであるドイツ語に訳すと、「ローター・プファイル」となる。

どうやら「レッドアロー」は、「クラースナヤ・ストレラー」ではなく、「ローター・プファイル」を意識して命名されたようだ。それは、新たに開業した西武秩父線（吾野《あがの》―西武秩父）がトンネルの連続する山岳路線だったからであり、正丸《しょうまる》や西武秩父といった新駅には木造丸太づくりのスイス風の駅舎が現れた。

秩父とスイスで思い出すのは、昭和天皇の一歳下の弟、秩父宮雍仁《やすひと》親王である。「スポーツの宮様」と呼ばれた秩父宮は登山が好きで、マッターホルンをはじめとするスイスアルプスの山々を踏破したほか、秩父にも三度訪れ、三峰山《みつみねさん》にも登っている。五三年に死去したため「レッドアロー」に乗ることはなかったが、六九年十一月には早くも秩父宮妃勢津子《せつこ》が西武秩父まで乗っている。

けれども、「レッドアロー」がデビューした六九年十月というタイミングを考えると、時代との符合を感じずにはいられない。この時代はまさに、西武沿線の団地を中心として日本共産党が支持者を増やし、西武が開発した狭山丘陵の一角で「赤旗まつり」が毎年開かれる時代に当たっていた。「レッドアロー」の終焉は、こうした時代が名実ともに終わったことを暗示している。

西武鉄道によると、「ラビュー」のLは「贅沢なリビングのような空間」、aは「矢のような速達性」、v・i・e・wは「大きな窓から移りゆく眺望」を意味している。aだけにかろうじて「アロー」の痕跡をとどめてはいるが、「レッド」は影も形もない。西武新宿線に残る「ニューレッドアロー」も、近い将来にすべて「ラビュー」に置き換えられるに違いない。

鉄路の空間政治学

常磐線と浜通り

二〇一四（平成二十六）年六月一日、ＪＲ常磐《じようばん》線の広野《ひろの》―竜田《たつた》間八・五キロが、震災から三年二ヵ月あまりで復旧した。常磐線の電車が避難区域の楢葉町《ならはまち》に乗り入れたのは、これが初めてだった。二〇年三月十四日には富岡《とみおか》―浪江《なみえ》間二〇・八キロが復旧して常磐線は全線開通したが、東京電力福島第一原発に最も近い大熊町《おおくままち》や双葉町《ふたばまち》は、同線の大野《おおの》駅や双葉駅の周辺などを除いて帰還困難区域に属しており、依然として立ち入りが厳しく制限されている。

福島県は、浜通り、中通り、会津《あいづ》の三つの地方に分かれている。福島や郡山《こおりやま》がある中通りには、東北新幹線や東北本線が通っている。会津もまた鉄道で東京に出るには、浅草から特急が乗り入れている南会津町《みなみあいづまち》などを除き、磐越西《ばんえつさい》線で郡山に出て東北新幹線に乗り換えるのが一般的である。ところが海沿いの浜通りは、東北本線ではなく、常磐線によって東京と結ばれている。

東北本線が全通したのは一八九一（明治二十四）年、常磐線が全通したのは一八九八年であった。上野―仙台間の営業キロは東北本線経由の方がやや短かったものの、海沿いを走る常磐線の方が勾配が緩かったため、一九五八（昭和三十三）年十月のダイヤ改正で初めて上野―青森間に登場したディーゼル特急「はつかり」は、常磐線を経由した。当時はまだ東北本線も常磐線も全線電化されておらず、常磐線の方が優遇されたのだ。もっとも常磐線内の「はつかり」の停車駅は、水戸と平（現・いわき）だけで、平の次は仙台まで停まらなかった。

だが、六八年十月に東北本線が全線複線電化されると、「はつかり」は電車特急に変わって東北本線経由になり、常磐線から特急が消えた。翌年、上野―平間にディーゼル特急「ひたち」が季節列車として運転を始める。その後、「ひたち」は定期列車となり、七二年には電車特急となって運転区間も上野―仙台間に拡大された。いったん特急が消えた浜通りの常磐線に、また特急が戻ってきたわけだ。

「はつかり」とは対照的に、「ひたち」の停車駅は多かった。原ノ町ゆき「ひたち4号」は、平を出ると富岡、大野、浪江、小高《おだか》と停まった。仙台ゆき「ひたち3号」は、平を出ると富岡、浪江、原ノ町の順に停まったが、七三年のダイヤ改正で双葉にも停まるようになった。

注目すべきは、この時期が大熊町と双葉町にまたがる福島第一原発の着工ないし運転開始の時期と一致していることである。具体的にいえば、七一年三月に1号機の、七四年七月に2号機の営業運転が始まっており、3号機、5号機、4号機も次々に着工している。「ひたち」の大野、双葉停車の背景には、原発が関係していたのだ。当時は、常磐線沿線の日立から富岡にかけて広く分布し、この地域の経済を長年にわたって支えてきた常磐炭田がほぼ閉山したため、石炭に代わるエネルギー源としての原子力こそ、浜通りが発展する新たな材料になるという期待が高まっていた。

　しかし七〇年代以降も、近代化の波は浜通りより中通りの方が早くやってきた。七五年四月には、東北自動車道の岩槻《いわつき》ＩＣ―仙台南ＩＣ間が全通した。七八年十月のダイヤ改正では、上野―一《いち》ノ関《せき》間を結んでいた東北本線の客車の普通列車が廃止され、上野と中通りを結ぶ列車はすべて特急か急行に置き換えられた。八二年六月には東北新幹線の大宮―盛岡間が暫定開業する代わりに、東北本線を走る特急の本数が激減した。中通りや会津は、浜通りよりも東京との結び付きを強めていったのだ。

　一方、常磐線では東北新幹線が開業してからも、上野と浪江や仙台を結ぶ客車の普通列車が走っていた。大学二年だった八二年九月から十月にかけて、十一月のダイヤ改正でついにこの列車が消えそうだというので、二回ほど乗りに行ったことがある。といっても、全区間を通して乗るわけにはいかなかった。私が乗ったのは、浪江を朝の6時ちょうどに出る上り422列車の我孫子―上野間、乗車時間にしてたったの三十四分間であった。

この列車が我孫子を出るのは11時2分。浪江を出て五時間あまりがたっていた。当時は常磐線の快速も、地下鉄千代田線に乗り入れる各停も、完全に電車化されていた。ところがこの列車は、電気機関車が牽引し、古い客車をつなげた編成で、扉は手動であった。SLが全廃されても、汽車の面影がまだ残っていた。

茨城県のどこかの私立高校に通っていそうな不良高校生が、デッキで扉を全開にして何やら叫んでいた。だが他方で、ボックス席に座って耳をすませていると、明らかに東北の方言で話している客たちがいた。福島第一原発に近い双葉や大野からずっと乗っていたとしても、決しておかしくはなかったはずである。

常磐自動車道はまだ浜通りまで達していなかった。浜通りから最も安く上京できるのが、この客車列車であった。新幹線や特急で見かけるようなビジネス客は乗っていなかった。五・一五事件に関わった橘《たちばな》 孝三郎《こうざぶろう》は、常磐線とおぼしき車内で来るべき日米戦争に対する乗客の本音を聞き取っている（『日本愛国革新本義』、建設社、一九三二年）。もしあのとき、私がもう少し真剣に車内の会話に耳を傾けていたなら、東電や自治体ではなく、地元住民の原発に対する本音が聞けたかもしれない。

常磐線主義とアジア主義

いまや全国の主要幹線は、「名は体を表さず」という状態に陥っている。例えば、ＪＲ東北本線やＪＲ鹿児島本線は東北新幹線や九州新幹線の延伸や開通と引き換えに一部が第三セクターとして切り離されたばかりか、東北本線の場合は東京近郊区間が「宇都宮線」と呼ばれ、遠くは東海道本線の沼津から乗り入れてくる。東海道本線はＪＲ東日本、ＪＲ東海、ＪＲ西日本の三社に分割され、西日本の区間はさらに「琵琶湖線」「京都線」「神戸線」に分かれている。中央本線は本数の多い東京─高尾間が「中央線」と呼ばれるとともに、ＪＲ東日本管轄の塩尻以東は「中央東《とう》線」、ＪＲ東海管轄の塩尻以西は「中央西《さい》線」とされ、事実上別々の線になっている。

ところが、上野と仙台（戸籍上は日暮里《にっぽり》と岩沼《いわぬま》）を結ぶＪＲ常磐線は、総延長が三五〇キロを超えるれっきとした幹線でありながら、その全体が「常磐線」という統一的な名称で呼ばれている。確かに二〇一五（平成二十七）年三月十四日に上野東京ラインが開通したものの、常磐線の乗り入れ区間は品川までとなっているため、東北本線や高崎線のように東海道本線と完全な相互乗り入れをすることはなく、多くの電車は依然として上野を発着駅としている。常磐線の希有な一体性が失われてはいないのだ。

同年三月に刊行された五十嵐《いがらし》泰正《やすまさ》、開沼《かいぬま》博《ひろし》『常磐線中心主義《ジョーバンセントリズム》』（河出書房新社）という本のタイトルを見たとき、とっさに浮かんだのは「実にいいところに目をつけたな」という直感であった。「常磐線」と「主義」を組み合わせるからには、必ずや三・一一以降の常磐線の分断という非常事態によって逆に強く意識された線としての一体性の問題が言及されるに違いないと思ったからだ。

しかし、その期待は見事に裏切られた。「序章」で常磐線についての包括的な（鉄道マニアにとっては初歩的な）説明がなされたあとは、上野、柏《かしわ》、水戸、泉、内郷《うちごう》、富岡といった、当時不通だった区間を含む沿線の各駅にそれぞれ独立した一章が当てられている。そして「終章」では分断されている線が再開通することの意味が、地元住民への個々の取材を通して論じられる。

言うまでもなく、個々の駅についていくら論じてみたところで、それらはあくまでも「点」の思考に過ぎず、「線」の思考にはならない。また、もやもやとした個別の「声」を拾うだけでは、「主義」にはならない。この点で『常磐線中心主義』は、タイトルと中身が乖離しており、正直言って失望を禁じ得なかった。

かつて日本や中国では、「アジア主義」が唱えられた。例えば、常磐線にも縁がある岡倉天心は、一九〇三(明治三十六)年に刊行された『東洋の理想』(原文は英文)の冒頭で、「アジアは一つである」と述べた。実際には一つでないにもかかわらずである。主義というのはイデオロギーであり、そのイデオロギーを支えているのは西洋列強によって幾重にも分断されている実態ではなく、アジアという統一的な名称なのだ。

これとよく似た状況が、常磐線にもあった。「断たれた鉄路　常磐線はいま」(前掲『思索の源泉としての鉄道』所収)で記したように、不通だった区間の住民の間に「同じ常磐線の沿線なのに、なぜ東京に近い松戸《まつど》や我孫子ばかりが優遇されるのか」という不満があったのは確かである。私はこの不満を聞いたとき、他線にはない「常磐線主義」と呼ぶべきイデオロギーを発見した気分に浸ったものだ。

近代中国の父、孫文《そんぶん》は、一九二四(大正十三)年に神戸で「大アジア主義」の講演を行った。この講演で孫文は、武力によってねじ伏せる「西洋の覇道」に対して仁義道徳で感化させるのが「東洋の王道」だとし、日本が目指すべきは東洋の王道に基づく大アジア主義だと主張した。これを常磐線主義に応用すれば、不通だった区間の住民は松戸や我孫子の住民に向かって、「あなた方は上野東京ラインや常磐線と相互乗り入れしている地下鉄千代田線を通って都心に行くことばかり考えているが、それ以前に同じ常磐線沿線の住民ではないか」と呼びかけていたことになる。

　こうした論の立て方に対しては、「では孫文の言う『王道』に当たる原理的なものが、常磐線にあるのか」という反論が予想されよう。この反論に対しては、私はあえて答えたい――「ある」と。

　常磐線の「常磐」は、茨城県の旧国名である「常陸《ひたち》」と、福島県の旧国名である「磐《いわ》城《き》」を意味するが、それだけではない。「とこいわ」が転じた「ときわ」とも読む。それは永遠に変わらないことを意味する大和言葉でもあるのだ。『万葉集』にはすでに、「常磐《ときは》なる石室《いはや》は今もありけれど住みける人ぞ常なかりける」（博通《はくつう》法師）という和歌が収められている。これほど古い大和言葉がそのまま名称になっている線も、ほかには見当たらない。

　沿線には、常磐《ときわ》大学や常磐《ときわ》神社や財団法人「ときわ会」がある。二〇一五年三月十四日のダイヤ改正で登場した常磐線の特急の愛称名も「ときわ」である。常磐線が統一的な名称で呼ばれているのは、「常磐」に二重の意味があり、この名称そのものに常磐線は永久に存続するというイデオロギーが内包されているからではあるまいか。

JR青梅線と山村工作隊

開通した当時にはなかった施設や建造物が開通後に起点と終点の近くにできることで、起点と終点を結ぶ鉄道の性格が大きく変わってしまう場合がある。東京都の立川《たちかわ》と奥多摩を結ぶJR青梅《おうめ》線は、その典型だろう。

青梅線の前身は私鉄の青梅鉄道で、一八九四（明治二十七）年十一月に立川―青梅間が開通した。立川を起点としたのは、JR中央線の前身に当たる甲武鉄道に接続させようとしたからだ。

だが当時、甲州街道の宿場町だった府中《ふちゅう》や八王子《はちおうじ》はもちろん、青梅も町制を施行していたのに対して、立川は大正時代まで村のままだった。発展するきっかけとなったのは、一九二二（大正十一）年に陸軍航空第五大隊の立川飛行場が設置されたことだ。これにより立川は「軍都」となって人口が増え、二三年に町制を施行、四〇（昭和十五）年には東京府で東京、八王子に次いで市制を施行して立川市になった。

青梅鉄道は二九年に青梅電気鉄道に社名を変更し、御嶽《みたけ》まで延伸した。三二年に近隣町村を合併して大東京市ができると、水道需要を確保するために多摩川の上流、東京府西多摩郡小河内《おごうち》村（現・奥多摩町）にダムを建設する計画が持ち上がり、三八年から建設が始まった。

その前年には、御嶽―氷川《ひかわ》（現・奥多摩）間の建設を目指して、奥多摩電気鉄道が設立された。小河内ダムの建設に伴い、資材の運搬が必要になったことが、この鉄道の建設を後押ししていた。

ダムの建設は太平洋戦争が激化する四三年十月に中断されたが、御嶽―氷川間は四四年七月に開通する。その直前に、青梅電気鉄道と奥多摩電気鉄道は国に買収されて青梅線となった。

敗戦により立川飛行場は米軍に接収され、立川基地となった。五〇年六月に朝鮮戦争が勃発すると、立川基地は朝鮮半島に出撃する米軍の拠点となり、市内には米国人兵士の姿が目立つようになる。

日本共産党は、五一年二月の第四回全国協議会（四全協）で反米武装闘争の方針を決定し、農村を拠点とした毛沢東《もうたくとう》の思想に基づき、全国の農村に山村《さんそん》工作隊と呼ばれる組織を送り込んだ。中でも重視されたのが、戦後にダムの建設が再開された小河内村であった。

共産党に言わせれば、小河内ダムは立川基地などに電力を供給するための「軍事ダム」にほかならなかった。

青梅線が立川と奥多摩を結んでいること自体、政治的な性格を帯びていた。工作隊員の一人として青梅線に乗った佐木《さき》亘《わたる》は、行きには「立川の駅から数駅にわたってみえる基地の広さとものものしさ、急に増えた米軍人の姿などにこれからの任務の重大さを私達は改めて考えさせられ」、帰りには「立川駅近くになると米軍人と日本人娼婦の傍若無人な酔態が車内のここかしこに拡げられ」たと述べている（「或る青春の記録――山村工作隊に参加した頃――」、『近代文学』一九五九年一月号所収）。青梅線に乗ることで、党の方針の正しさを実感したというのだ。

工作隊のキャップだった高史明《コサミョン》は、小河内村に向かおうとする朝、村のアジトで隊員が逮捕されたことを新宿駅で知った。しかし予定を変更しようとはしなかった。中央線で立川まで行き、青梅線に乗り換えた。彼もまた佐木亘と同じような風景を見たはずである。

だが終点の氷川に着くまで、「電車が停車する度に、ほとんど本能的に警官隊の踏み込みに備えて身構えていた」（『闇を喰《は》む』II焦土、角川文庫、二〇〇四年）。氷川に着いたとき、「その不安は最高に強まったといってよい。きっと警官隊が待ち構えているだろうと予想していたのだ。それが何事もなかったのである」(同)。彼らは小河内村に移動すると、警官隊から逃れるようにして山中の炭焼小屋にたどり着き、そこを新たな工作隊のアジトにした。

数日後、読売新聞記者の渡邉恒雄《わたなべつねお》が、単身でこのアジトにやってきた。渡邉は警官隊と間違えられ、あやうく隊員に殺されかかったものの、高史明に救われ、記事を書くことができた。その記事は、五二年四月三日の同新聞の社会面に、「山村工作隊のアジトに乗込む」という見出しのもとに大きく掲載された。

この記事が出てからも、工作隊員が小河内村に送り込まれた。画家の桂川寛《かつらがわひろし》もその一人で、青梅線とバスを乗り継いで村に入った。彼は洞窟で一ヵ月あまり生活しながら、革命をあおるビラやパンフレットをつくり、ダムの労働者や農民に配っていた(『廃墟の前衛――回想の戦後美術』、一葉社、二〇〇四年)。

しかし結局、山村工作隊は全く成果を上げることができなかった。五五年に開かれた第六回全国協議会(六全協)で、共産党は反米武装闘争を「極左冒険主義」として否定した。五七年には小河内ダムが完成し、六一年には昭和天皇と香淳皇后が原宿から青梅線の御嶽までお召列車に乗り、ダムを訪問した。山村工作隊の歴史は党自身からも抹殺され、顧みられることもなくなった。

村上春樹の長編小説『1Q84』（新潮社、二〇一〇年）には、御嶽に近い二俣尾《ふたまたお》という青梅線の無人駅が出てくる。その近くには戎野《えびすの》という元大学教授が、毛沢東思想を信奉し、コミューンをつくった深田保《ふかだたもつ》という元同僚の娘と一緒に住んでいる。山村工作隊を文学に取り込んだ作品といえなくもない。

天理教と鉄道

二〇一五（平成二十七）年一月、一つの列車がひっそりと姿を消した。青森から「日本海縦貫線」と呼ばれるJR奥羽本線、羽越本線、信越本線、北陸本線などを経由して桜井線の天理《てんり》（奈良県）まで向かう団体参拝列車である。北陸新幹線の開業と並行在来線の第三セクター化に伴い廃止されたこの列車は、天理教の例大祭や月次祭《つきなみ》に合わせて運転されたため、「天理臨」と呼ばれていた。

しかし、「天理臨」そのものがなくなったわけではなかった。青森発の「天理臨」も、第三セクターの青い森鉄道、IGRいわて銀河鉄道、JR東北本線、東海道本線経由での運行がしばらく続いたからだ。天理にはJRだけでなく、近鉄の駅もあるが、こちらも例大祭や月次祭になると、臨時電車が運転されている。

市販の時刻表には「天理臨」のダイヤが掲載されていないため、その実態はよくわかっていない。天理教の例大祭や月次祭に合わせて、全国各地から天理に向けて「天理臨」が運行される。このためJR天理駅には、ふだん使用されない団体専用ホームがある。

宗教団体の参拝列車は、天理教に限られない。岡山県に本部がある金光教《こんこう》でも、祭典に伴い、JR山陽本線の金光まで「金光臨」と呼ばれる臨時列車が運行される。だから金光駅にも天理駅同様、団体専用ホームがあった。けれども「金光臨」の本数は、「天理臨」よりは少なく、二〇一三年には団体専用ホームの線路が撤去された。またJR身延《みのぶ》線には、日蓮正宗の総本山大石寺《たいせきじ》の最寄り駅である富士宮《ふじのみや》まで創価学会の信者を運ぶ「創臨」と呼ばれる列車が運行されていたが、創価学会が大石寺から破門された一九九一年以降、「創臨」は全廃された。したがって、JR富士宮駅の団体専用ホームが使われることは、いまやほとんどなくなっている。

こうして見ると、「天理臨」こそは時刻表に掲載されない最大規模の団体参拝列車だといえよう。天理はもともと丹波市《たんばいち》と称したが、一九五四(昭和二十九)年の市制施行とともに天理となり、日本で唯一、宗教団体の名称がそのまま使われた市となった。

天理教では聖地天理を、世界人類のふるさとを意味する「ぢば」と言い、天理に参拝することを「おぢばがえり」と言う。天理教の信者にとって天理とは、東京に代わる日本の、いや世界の中心を意味する。そして例大祭になると、天理を発着する列車のダイヤまでつくられるのだ。新幹線に象徴されるように、全国の鉄道網が東京中心に収斂されつつあるなかで、ＪＲの在来線や近鉄を使って天理まで乗り入れる「天理臨」の存在は、日本のなかにもう一つの「想像の共同体」があることを暗示している。

幕末に開教し、明治期に政府から公認された天理教は、大正から昭和初期にかけて信者数を爆発的に増やし、植民地や「満洲国」にも布教を拡大させた。一九三四（昭和九、康徳元）年には、ハルビンの東北郊に「満洲天理村」が建設され、敗戦までに多くの信者が移住した。

ハルビン東郊の三棵樹《さんかじゅ》と天理村を結ぶ総延長一五・四キロの軽便鉄道の建設が始まったのは、三六年六月のことであった。天理村鉄道と呼ばれたこの鉄道は、三七年十二月十四日に全通した。天理村の信者がハルビンに出掛ける際はもとより、村の農産物をハルビンに出荷する際にも利用されたようである。

「満洲国」の鉄道は、特急「あじあ」が走った満鉄の連京線などを除けば、ほとんどの線が国有鉄道であった。そのなかで天理村鉄道は、満鉄でも国有鉄道でもない希有な線であった。宗教団体が鉄道の建設や経営に関わった点でも、きわめて特殊な線であったといえる。しかし、敗戦に伴う「満洲国」の崩壊後、天理村は解体された。それとともに天理村鉄道の運行も停止されたと思われるが、具体的な真相は不明である。

「満洲国」が建国され、満洲天理村建設の第一次計画が持ち上がった一九三二年には、天理教で初めて「全国ひのきしんデー」が定められた。ひのきしんというのは天理教独特の用語で、勤労奉仕を意味するが、三〇年代になると天理教の活動の柱となり、やがて「聖戦」を正当化するイデオロギーへと変容する（永岡崇『新宗教と総力戦』、名古屋大学出版会、二〇一五年）。

ひのきしんデーでは、道路や公園の清掃や修築をはじめとする勤労奉仕の開始と終了に際して、「おぢば」、すなわち現在の天理に向かって遥拝することが求められていた。鉄道を乗り継いで丹波市まで行くことが困難な満洲天理村でも、三二年以降毎年開催されるひのきしんデーに合わせて遥拝が行われたはずである。

日中戦争が勃発する三七年の十一月からは、政府が祝祭日や記念日に合わせて、東京の宮城（現・皇居）や靖国神社、伊勢神宮を遥拝する時間を定めるようになる。これらに加えて「満洲国」では、三九年から万寿節（皇帝誕生日）や建国節（建国記念日）など独自の祝祭日や記念日にも、首都新京《しんきょう》（現・長春《ちょうしゅん》）の帝宮や建国神廟などを遥拝する時間を定めている（原武史『増補版　可視化された帝国』、みすず書房、二〇一一年）。

満洲天理村の信者たちは、表向きこうした政府からの命令に従いつつ、同時に「おぢば」への遥拝も続けていたのだろうか。そうだとすれば、東京中心の鉄道網に対抗する「天理臨」は、戦前の天理教の「遺産」を継承するものという見方もできなくはない。

神社・宗教・鉄道から見た神奈川県

拙著『〈出雲〉という思想』（講談社学術文庫、二〇〇一年）所収の「第二部　埼玉の謎」で触れたように、埼玉県には武蔵国一の宮で旧官幣大社に当たる大宮の氷川《ひかわ》神社を中心として、多くの氷川神社が分布している。鉄道でいえば、ＪＲ東北本線、高崎線、武蔵野線、川越線、八高線に加えて、西武池袋線、西武新宿線、東武伊勢崎線、東武東上《とうじょう》線の沿線にも、氷川神社やそれに類する神社がある。氷川神社の祭神はスサノヲであり、埼玉県と古代出雲の深い関係がうかがえる。

神奈川県にも、相模国一の宮に当たる寒川《さむかわ》神社が、ＪＲ相模線の宮山《みややま》駅付近にある。しかし社格は旧国幣中社と氷川神社よりはるかに低く、祭神も寒川比古命《ひこのみこと》と寒川比女命《ひめのみこと》という、記紀神話に出てこない男女神である。氷川神社が埼玉県のほぼ全域に分布しているのとは対照的に、寒川神社は神奈川県内に全く分布していない。神奈川県の代表的な神社といえば、毎年正月に初詣客でにぎわう鎌倉の鶴岡《つるがおか》八幡宮のほうだろう。

神社や寺が密集する鎌倉周辺は別として、海に面した神奈川県には、埼玉県よりもキリスト教に関係する学校や施設が多いように見える。例えばJR根岸線の石川町《いしかわちょう》から山手《やまて》にかけては、さまざまな教会が集まり、フェリス女学院、横浜共立学園、横浜雙葉《ふたば》学園、聖光学院などのミッションスクールも集中している。

ほかにも、京急本線の沿線には関東学院や横須賀学院があり、JR東海道線の沿線には私が勤めていた明治学院や栄光学園、清泉女学院などがある。いずれも幕末に開港した横浜や、敗戦後に米軍が駐留した横須賀という環境が影響していることは容易に想像できよう。

神奈川県には、横浜や横須賀から離れたところでも、キリスト教関係の学校や施設が少なくない。鉄道でいえば、小田急江ノ島線の沿線がそうだ。

一九二七（昭和二）年に開通した小田急小田原線に成城学園前という駅があるのは、成城学園が駅を設置するよう要請したからである。二九年に開業した玉川学園前駅も、新たに開校した玉川学園の要請によるものだった。玉川学園を創立した小原國芳《おばらくによし》はクリスチャンだったが、成城学園も玉川学園もミッションスクールではなかった。

二九年の小田急江ノ島線の開通とほぼ同時に、南林間《みなみりんかん》都市（現・南林間）駅付近に開校したのが、大和《やまと》学園女学校（現・大和学園聖セシリア）である。設立者は小田急電鉄を創業した利光鶴松《としみつつるまつ》の娘で、カトリック信者の伊東静江《いとうしずえ》であった。利光は娘の学校開設のために沿線の土地を提供したが、成城学園や玉川学園のように、学校の名前を駅名にはしなかった。南林間都市というのは、利光が計画した住宅地の名称を意味していた。成城学園や玉川学園とは異なり、大和学園がれっきとしたカトリックの学校であったことが災いしたのだろうか。

続いて三八年には、カトリックの女子修道会である聖心愛子会《せいしんあいしかい》（現・聖心《みこころ》の布教姉妹会）が秋田から藤沢に本部を移し、江ノ島線の善行《ぜんぎょう》―藤沢本町《ほんまち》間の西側に位置する丘陵地一帯を開発した。いまでも江ノ島線の車窓からは、丘陵地の上半分を占める本部が眺められるが、建物は木々にさえぎられて見ることができない。四六年四月九日には、葉山御用邸に滞在していた香淳皇后が訪れている（木下道雄『側近日誌』、文藝春秋、一九九〇年）。

聖心愛子会は敗戦直後の四六年、こんどは善行―藤沢本町間の東側にあった藤沢海軍航空隊の跡地に、聖園《みその》女学院を開校させた。女学院に隣接して、子供の家やベビーホーム、母子ホームなどの施設も設けられた。江ノ島線の線路は、その両側がカトリックの施設や学校にはさまれるような格好になったわけだ。七〇年十月十四日には、現上皇后（当時は皇太子妃）がわざわざ来校している（「美智子妃殿下ご来校」、『みその』一八号、一九七一年所収）。

江ノ島線の終着駅の片瀬江ノ島には、カトリック片瀬教会や、女子修道会を母体とし、現上皇后が一時通った湘南白百合学園小学校などもある。確かに藤沢本町駅の東側には時宗の総本山である遊行寺《ゆぎょうじ》（清浄光寺《しょうじょうこうじ》）もあるが、総じて江ノ島線はカトリックとの関係が深いことがわかろう。

キリスト教でいえば、寒川神社のあるＪＲ相模線の沿線にはエホバの証人の日本支部がある。相模線の社家《しゃけ》を出た橋本ゆきの電車が次の厚木に向かう途中、右手の車窓に巨大な建物群が見えてくる。一見、大学のキャンパスか総合病院のようで、宗教施設には見えないが、海老名《えびな》ベテルと呼ばれる日本支部にほかならない。

エホバの証人をキリスト教に含めることには、カトリックやプロテスタントの諸宗派からの反発もあろう。だが少なくとも神奈川県内では、エホバの証人の信者が駅前などに立ち、冊子をもちながら布教活動をしている光景は決して珍しくない。表向きの布教活動をせず、存在もあまり知られていない既存の宗派より目立っているくらいである。もし社家―厚木間に最寄り駅ができれば、相模線の乗客は寒川神社への参拝客よりも、エホバの証人の信者の方が多くなるかもしれない。

相鉄と米軍基地

たとえ実現可能性がどれほど低かろうが、一つの仮定としてある事態を想定し、それが日本の鉄道にどういう影響を与えるかを考えてみたい。

例えば天皇制が廃止され、宮内庁もなくなったとする。皇居や赤坂御用地は北京の故宮《きゅう》やソウルの王宮のように開放され、東京最大の観光地となるのは間違いない。

しかし、それよりも大きな変化は、天皇陵という名の巨大な前方後円墳が集まる大阪府で起こるだろう。天皇陵の公開に伴い、仁徳天皇陵や履中天皇陵などが沿線にあるJR阪《はん》和《わ》線や、仲哀天皇陵や応神天皇陵などが沿線にある近鉄南大阪線は、全国はもとより海外からも観光客が殺到する。そうした客の便宜を図るべく、阪和線の百舌鳥《もず》駅が前身の阪和電気鉄道時代に当たる昭和初期と同様に「仁徳御陵前」に再改称されたり、同じく昭和初期に近鉄南大阪線の土師《はじ》ノ里《さと》―藤井寺間に存在した「応神御陵前」が駅として復活したりする可能性だってないとはいえない。

あまりに不敬な想像ではないかと眉をひそめる向きもあろう。では、日米安保条約が見直され、米軍基地が返還されたという仮定はどうか。その場合、最も劇的な変化を遂げるのが沖縄県であることは間違いないが、米軍基地が集まる埼玉県から神奈川県にかけての地域もまた大きく変わることが予想される。

具体的にいえば、埼玉県の所沢通信基地、東京都の横田基地、神奈川県の横須賀基地、厚木基地、キャンプ座間、相模補給廠《ほきゅうしょう》などが返還されることになる。すでに東京都の立川基地は返還され、跡地には国営昭和記念公園や昭和天皇記念館ができている。同様に、これらの基地もまた、自衛隊がひき続き使用しない限り、新たな観光スポットとなる可能性が高い。

ＪＲ八高《はちこう》線は、東福生《ひがしふっさ》―箱根ケ崎間で米軍ハウスや横田基地の間近を通っている。ＪＲ横浜線もまた、矢部―相模原間ではフェンスひとつ隔てて相模補給廠と隣接したところを走っている。どちらも、阪和線や近鉄南大阪線にとっての天皇陵のように、広大な立ち入り禁止区域を沿線に抱えているわけだ。

事情は、大和―相模大塚間で厚木基地に隣接する相鉄《そうてつ》本線でも同様である。全国の大手私鉄のなかで、おそらく相鉄ほど沿線に目ぼしい観光スポットや集客施設のない私鉄はない。横浜と海老名を結ぶ本線にせよ、二俣川《ふたまたがわ》と湘南台《しょうなんだい》を結ぶいずみ野線にせよ、沿線はほぼ住宅地で埋めつくされているような印象を受ける。

だからこそ、厚木基地が完全に返還されれば、相鉄沿線で客を呼び込める最大の「目玉」が誕生することになろう。神奈川県綾瀬《あやせ》市と大和《やまと》市にまたがるこの基地の総面積は五〇六・九ヘクタールで、国営昭和記念公園（一六五・三ヘクタール）の三倍以上もある。

実は、相鉄は一九九八（平成十）年まで、ＪＲ横須賀線の田浦《たうら》やＪＲ鶴見線の安善《あんぜん》から来る貨物列車を本線に乗り入れさせ、厚木基地に航空燃料を輸送していた。貨物列車はＪＲ相模線の厚木を経由して本線の上りを走り、基地に近い相模大塚駅の手前で単線の引き込み線に入って厚木基地へと向かったのだ。

先日、相模大塚で降り、引き込み線の跡を歩いてみた。もう十七年も前に廃止されたとは思えないほど、線路も踏切も架線も残っていた。事情を知らない車は、踏切の手前で律義に一時停止するほどであった。相鉄は将来、厚木基地が返還され、新たな観光線として生まれ変わるときに備えて、あえてそのままにしているのではないか――そんな妄想すらかきたてられた。

しかし、厚木基地に入るや、引き込み線はきれいに撤去されていた。基地と住宅地を隔てるフェンスには、「警告　米国海軍管理区域　立入りは許可された者に限る」という看板が、英語併記で至るところに張られていた。日米安保体制のもとでの現実を、まざまざと見せつけられる思いであった。上空では、飛行場に着陸しようとする海上自衛隊の輸送機や米軍機の爆音が数分おきに響いた。相鉄本線の大和―相模大塚間は、ちょうど上空が着陸ルートに当たっており、事故を最小限に抑えるための短いトンネルがわざわざつくられている。

相鉄の沿線にある米軍基地は厚木基地だけではない。瀬谷《せや》駅の北側には、厚木基地と同じく、在日米海軍の基地である上瀬谷《かみせや》通信施設がある。もともとは米国国家安全保障局の電波受信の施設であり、厚木基地同様、瀬谷駅の手前から引き込み線が延びていた。ただしこちらの引き込み線は、もはや完全になくなっている。

正確にいえば、上瀬谷通信施設は「ある」でなく「あった」というべきだろう。というのも、二〇一五（平成二十七）年六月三十日に全面返還されたからだ。総面積は二四二・二ヘクタールで、南北を貫く海軍道路には横浜市内で最も美しいとされる桜並木がある。私もこの道路を通ったことがあるが、人工的なものがなく、見渡す限りの田園風景に接して、「ここは果たして首都圏か」と思ったものだ。

二〇二七年には、上瀬谷通信施設の跡地を利用して国際園芸博覧会を開催し、それに合わせて瀬谷駅との間に新交通システム「上瀬谷ライン」（仮称）を建設することが計画されている。だが相鉄は、それを待つことなく旧上瀬谷通信施設を観光スポットとして宣伝するべきだろう。沿線にあるのは住宅地だけではないことが示せるからだ。そしてもし将来、厚木基地が返還されるようなことがあれば、相鉄のイメージはさらに大きく変わるに違いない。

千葉の半島性

両国から、二時五十分の汽車に乗つた。
大寒にはいつた寒い日で、しんしんと冷える。発車までには間があつた。窓のそばのホームで、うどんを売つてゐる。電話室のやうな箱店から、もうもうと湯気が立ち上り、二三人、美味さうに、丼をかゝへてうどんをすゝりこんでゐる。（中略）
風邪で鼻づまりになつてゐたが、熱いうどんで一息ついた。車内は、思ひのほかの清潔さで、この三等車なら、文句はない。房総線の汽車は、汚いと聞いてゐたが、クッションはビロード張り、天井は白く、一二等はないが、これでは一等車も同じこと、乗つてゐる人達も、素朴だ。

林芙美子の随筆「房州白浜海岸」（『林芙美子全集』第十六巻、文泉堂出版、一九七七年所収）の冒頭の一節である。

一九五一（昭和二十六）年一月、芙美子は小説の取材のため、千葉県の房総半島南端にある白浜に取材旅行に行こうとして、両国駅から房総西線（現・内房線《うちぼうせん》）経由の安房鴨川《あわかもがわ》ゆきに乗った。この当時、両国駅は房総西線のほか、房総東線（現・外房線《そとぼうせん》）、総武本線、成田線の列車が発着する一大ターミナルであった。ただし特急や急行はなく、SLが引っ張る鈍行列車がそのすべてを占めていた。

長距離列車が発着する東京都区内のターミナルとしては、ほかに東京駅、上野駅、新宿駅があった。これらのターミナルは山手線を通して互いにつながっていた。両国駅だけが山手線とつながっていなかった。御茶ノ水—両国間が開通して千葉方面から電車で都心に行けるようになったのも、一九三二（昭和七）年と遅かった。

芙美子が描く両国駅のたたずまいは、どこかの地方の駅を思わせる。立ち食いそばではなく、立ち食いうどんを食べているところを見ると、西日本の駅ではないかと錯覚するほどだ。東京駅や上野駅とは異なり、一等車や二等車を併結した列車は発着せず、雑踏や人いきれは全く伝わってこない。

総武本線の東京—錦糸町間が開通して特急列車が走り始めるのは、一九七二（昭和四十七）年七月であった。これでようやく東京駅への乗り入れが実現したわけだが、総武本線の東京駅は地下五階にあり、地上にある新幹線や他の在来線のホームとはかなり離れていた。そのせいか、東京駅とつながってもしばらくは依然として両国駅が房総や銚子《ちょうし》、鹿《か》島《しま》方面に向かう急行列車のターミナルとして使われていた。一九九〇（平成二）年に東京駅に乗り入れた京葉《けいよう》線も、総武本線以上に離れた場所、具体的に言えば東京と有楽町の中間に当たる地下四階にターミナルがつくられた。

JR東日本は、湘南新宿ラインや上野東京ラインを開業させることで、横浜駅や浦和駅、大宮駅から東京駅にも新宿駅にも一本で早く行けるダイヤを確立させた。つまり国鉄時代に比べると、神奈川や埼玉から東京や新宿に行くのはずっと便利になったわけだ。これに対して、千葉駅から東京駅や新宿駅に行く方法は、京葉線が千葉駅を通っていないため、国鉄時代と基本的に変わっていない。東京駅に早く行きたいと思っても、成田エクスプレスは朝を除いて千葉駅に停まらず、千葉駅を経由して東京と銚子を結ぶ特急「しおさい」の本数も少ない。あとはほとんどが、稲毛から新日本橋まで総武快速線のすべての駅に停まる快速しか走っていない。

しかもこの快速は、途中の市川で成田エクスプレスや「しおさい」の通過待ちをするため、しばらく停車する場合が少なくない。その間に並行して走る中央総武各駅停車の三鷹《みたか》ゆきや中野ゆきの電車が追い抜いてゆくのを、ただじっと眺めることにもなるのだ。総武本線の錦糸町―千葉間は快速と各停の線路が並行しているが、同一ホームでの乗り換えができないため、快速から各停に乗り換えようとすると階段を昇り降りしなければならなくなる。

千葉駅から新宿駅に早く行くには、さらに困難な過程を経る必要がある。まず快速で錦糸町まで行き、階段を昇り降りして各停に乗り換える。そして四駅乗ってから御茶ノ水で再び中央線快速に乗り換えなくてはならない。乗り換えが面倒なら、全部で二十九駅もある各停に乗り続けなければならない。

千葉駅のすぐ隣には、京成千葉駅もある。JR東日本が湘南新宿ラインを開業させたのは、新宿―藤沢間と新宿―小田原間で競合する小田急や渋谷―横浜間で競合する東急に対抗するためであった。ところが京成は、上野と成田空港を結ぶ本線や、本線と都営地下鉄浅草線に乗り入れる押上《おしあげ》線に力を入れる反面、京成津田沼で本線から分岐する千葉線は完全に支線扱いしている。このためJRと私鉄が競合せず、国鉄時代と変わらないダイヤでも客が逃げる心配がないのである。

二〇一六（平成二十八）年四月から千葉市内にある放送大学に通うようになり、総武本線や京葉線に乗ることが多くなった。その結果痛感させられたのは、東京を中心とする鉄道網とまさに一体となり、私鉄と競合しながら進化を続ける神奈川や埼玉のJRとは異なる、遅れて東京とつながった千葉の鉄道ならではの不便さであった。

思うにそれは、東京に隣接しながら、北海道から九州まで一本で結ばれた交通の大動脈からは外れているという、千葉の半島性とかかわっているのではなかろうか。両国駅がターミナルだった林芙美子の時代の面影を、通勤の途上で感じることも少なくない。

小湊鐵道に乗る

鉄道は進化する。明治五（一八七二）年に新橋―横浜間を五十三分で結んだ日本の鉄道は、それから百五十五年後の二〇二七年を目標に、品川―名古屋間を四十分で結ぶリニア中央新幹線を開業させようとしている。

だが、こうした進化に敢然と背を向ける中小私鉄が、千葉県内にある。市原市の五井《ごい》と大多喜町《おおたきまち》の上総中野《かずさなかの》を結ぶ小湊鐵道《こみなとてつどう》である。全線が単線非電化で、大正末期に開通した当時の駅舎があちこちに残り、一部の区間ではかつて全国の単線区間で使われていたタブレットの交換が、依然として行われている。

連休明けの二〇一四（平成二十六）年十一月四日、私は講談社の川治豊成さんと堀沢加奈さんを誘い、東京12時24分発の快速君津ゆきに乗った。蘇我《そが》からは内房線に入り、五井には13時25分に着く。小湊鐵道のホームは隣にあったが、跨線橋には改札がなく、ＪＲの切符を持ったまま一両編成の上総中野ゆきディーゼルカーに乗り込んだ。

このディーゼルカーは、一九六一（昭和三十六）年に日本車輌が製造したもので、側面には小湊鐵道株式会社の頭文字を意味するKTKのローマ字が刻まれていた。ロングシートの半分ほどが埋まっていたが、観光客やマニアらしき客は乗っていなかった。

すぐに車掌がやってきたので、JRの切符を渡して大原までの切符を買う。終点の上総中野は、第三セクターのいすみ鉄道の始発駅でもある。この駅でいすみ鉄道に乗り換えれば、房総半島を横断して太平洋岸の大原まで行けるのだ。

13時33分に発車する。乗客は高齢者が多い。向かい側の席に座っていた女性がおもむろに小冊子を取り出した。大きく書かれた「神とは」という活字が見えるが、それに続く文字が荷物に隠れていて見えない。どこかの宗教団体のパンフレットなのだろうか。

五井に近いところでは新興の住宅地も出来ているのに、その近くに駅はなかった。旧国名である「上総」の付いた駅名が非常に多い。しかも駅名標の平仮名が「かずさ」だったり「かづさ」だったりする。そんな細かいことに目くじらを立てる客はいないのだろう。

14時ちょうどに上総牛久《うしく》に着く。比較的大きな駅で、この駅どまりの列車も多い。ほとんどの客が降り、残っているのは私たちを含めて七人だけになった。しかし景色がよくなるのはここからで、低い丘陵が続く房総半島特有の里山の風景がいっそうひなびてくる。春ならば菜の花の黄色が目にまぶしいだろうが、いまはセイタカアワダチソウの黄色が線路端を彩っている。

関東の駅百選に認定されている上総鶴舞《つるまい》駅では、プロと思われる撮り鉄がカメラを構えていた。一九二五（大正十四）年開業当時の駅舎と、変わらない周辺の風景。澄んだ秋空をバックに、朱色と肌色に塗られた列車とレンガ色の駅舎の屋根はさぞ映えるだろう。

ほとんどが無人駅だが、駅ごとに表情が変わる。ホームに隣接してイチョウの大木がある駅があるかと思えば、ホームに並行して立派な桜並木のある駅もある。駅と駅の間もそうだ。養老川の鉄橋を何度も渡りながら、上り勾配と小さなカーブを繰り返したり、線路の両側まで丘陵が迫り、木々がトンネルのようにしな垂れかかる狭い隙間をくぐり抜けたりする。民家の軒先には、すっかり熟した柿の木が秋を告げている。紅葉は所々色づいてはいたが、気候が温暖なせいか見ごろにはまだ早かった。

里見《さとみ》という有人駅では、上り列車と交換のためしばらく停車する。駅員が運転士から円盤状のタブレットを受け取り、上り列車の運転士に渡しに行く。そして上り列車の運転士が持っていたタブレットを、私たちが乗っている列車の運転士に渡しに来る。つまりタブレットは、通行手形のような役割を果たしているのだ。川治さんも堀沢さんも、タブレットを見るのは初めてだそうで、物珍しそうにこの光景を眺めている。

14時39分、列車は沿線随一の観光地の下車駅、養老渓谷に着いた。だが養老川の本流は駅から離れたところを流れていて、あいにく車窓から渓谷を眺めることはできない。五井から養老渓谷までが市原市で、終点の上総中野だけが大多喜町にある。最後の一区間で半島の背骨を越えるのか、車窓から見える川も東京湾に注ぐ養老川水系から、太平洋に注ぐ夷隅《いすみ》川水系へと変わる。

上総中野には14時46分に着いた。五井からの三九・一キロを、一時間十三分かかったことになる。表定時速は三二・一キロで、明治五年に新橋—横浜間を走った列車よりも遅いぐらいであった。

どの駅にも自動改札はない。コンビニすら駅前に見られない。第三セクターのようにワンマン運転でもない。車掌が肉声で車内放送を行い、切符には車掌自身が日付を書き入れる。百年近くも変わらない駅の風景が、旅人を温かく迎え入れる。摩滅した線路と駅舎は、もはや周囲の自然と完全に溶け込み、それ自体が自然の一部と化している。時流に背を向けることもまた、鉄道ならではの価値を際立たせるという生きた教訓がここにある。

長野電鉄の可能性

二〇一六（平成二十八）年十二月、長野と志賀《しが》高原への玄関口に当たる湯田中《ゆだなか》を結ぶ長野電鉄に初めて乗った。行きは長野の二駅隣に当たる権堂《ごんどう》から「栗と北斎と花の町」として知られる小布施《おぶせ》まで特急、帰りは小布施から長野まで各停に乗り、一つの確信が生まれた。この中小私鉄は十分に生き残れるし、まだまだ可能性があるという確信である。

まず首都圏からのアクセスがよい。東京から北陸新幹線の「かがやき」に乗れば、長野には最速一時間二十分で着ける。長野電鉄の長野駅はJR長野駅に隣接し、まるで京成電鉄の京成上野や阪神電鉄の大阪梅田を思わせる本格的な地下ターミナルになっている。

しかも、昔ながらの有人改札がいまなお存在し、ホームにはかつて首都圏で活躍した私鉄やJRの電車が乗り入れる。現代を象徴する高速鉄道から降り立った客は、あたかもタイムスリップしたかのように、昭和の空間に迷い込んだ錯覚を覚えるに違いない。

それを近代化が遅れた中小私鉄の後進性という、東京中心の尺度で評価するのは完全に間違っている。いまやＪＲ九州の肥薩《ひさつ》線（二〇年七月豪雨災害により八代《やつしろ》—吉松《よしまつ》間が運休中）のように、古い駅舎やスイッチバック、ループ線などが人気を集めている線もあれば、広島電鉄のように、新しい車両を導入する一方、とっくに廃止された全国の路面電車を走らせることで、乗客の根強い支持を得ている線もある。長野電鉄は、昭和時代の駅舎や電車がいくつも保存された「動く鉄道博物館」として自社の線を積極的に宣伝し、長野駅はテーマパークの入口のような演出を図るべきではなかろうか。

ただしこれだけでは、まだ弱いと思う。鉄道に興味をもつ人々を超えて関心が広がらない気もするからだ。そこで、さらに思い切った案を出してみたい。善光寺への参詣客のために、現在百七十円かかる長野—善光寺下間（一・六キロ）をフリーゾーンとし、この区間の運賃を無料にするという案である。

とんでもない暴論と思われるかもしれない。しかし、市内の中心部を走る電車の区間を無料にする試みはオーストラリアのメルボルンやパースでなされているし、アメリカでもオレゴン州のポートランドでなされていた。これにより自動車から電車に乗り換える人が増え、中心部が活性化したことが立証されている。

善光寺下は、善光寺東参道の下車駅として、一九二六（大正十五）年に開業した。だがいまや、善光寺への参詣客が長野駅でＪＲから長野電鉄に乗り換えることはほとんどない。寺への行き方を紹介する地元のネットでも、「おススメしません！」などと書かれているようなありさまである。乗らないはずの客を無料で乗せても、経営が悪化することはない。日本初の試みだから大きなニュースになり得るし、何よりも長野電鉄に乗ってもらえること自体に意味があるとは言えないだろうか。

そうすれば、同じ電車で小布施や湯田中などに行けることもわかるはずである。残念ながら、小布施のような観光地ですら、電車で行く客は決して多くはない。善光寺への参詣客が、善光寺下からまた長野電鉄に乗り、有料区間の運賃を払ってくれれば、その分だけ客が増え、結果として増収が見込めるのである。

長野から善光寺下までは地下区間で、長野、市役所前、権堂、善光寺下の四駅がある。この区間の客が増えれば、各駅の地下空間も有効活用できないだろうかと考えたくなる。総じて日本の地下鉄の駅は、外国に比べて機能的で面白みに欠ける。長野電鉄も例外ではない。各駅の地下空間を利用して、四季折々の沿線の風景写真を飾ったり、地元芸術家の作品を展示したりすることはできないだろうか。そして増えた客のために、銚子電鉄の「ぬれ煎餅」に匹敵する特産品を製造して各駅で発売すれば、フリーゾーンの効果も倍増するというものだろう。

最も重要なのは、バスや自動車や新幹線では決して味わえない、ローカル鉄道ならではの空間と時間を提供することである。水戸岡鋭治《みとおかえいじ》さんの設計する在来線の車両が次々に成功しているのは、こうした思想を徹底させているからだ。一人でも多くの客に乗ってもらうためには、日本のどの鉄道も思いつかなかった試みを発案し、長野県のみならず全国の注目を集める必要がある。

沿線人口の減少に歯止めがかからない限り、地元住民を対象としたサービスだけではやって行けないことは目に見えている。いかにして定期外の客、もっといえば首都圏など他県からの客を集めるかに長野電鉄の将来がかかっていると言っても過言ではなかろう。そのためには、東京から一時間二十分で着ける新幹線の駅にターミナルが隣接し、善光寺をはじめとする有名観光地が沿線にある有利な条件を最大限に生かし、フリーゾーンのごとき斬新なアイデアを考え出さなければなるまい。

阪急を創業した小林一三《こばやしいちぞう》は、何もなかった沿線に分譲住宅地を開発し、終点に動物園や歌劇場を開設するなど、次々と新しいアイデアを打ち出すことで経営を軌道に乗せた。同様のアイデアが、長野電鉄にも求められているように思われる。

ワルシャワ再々訪

二〇〇八(平成二十)年、一二年に続いて、一六年十月にまたワルシャワを訪れ、ワルシャワ大学で開かれた第十回日本祭「戦争と平和―昭和天皇の日本」で昭和天皇に関する報告を行った。その前に空けておいた二日間を利用して、市内の地下鉄やトラム(路面電車)に何度も乗った。かつて日本住宅公団が建てた団地を思わせる集合住宅が、市内のあちこちに残っているのを知っていたからだ。

こういう場合に便利なのが、市内の鉄道、地下鉄、トラム、バスに乗り放題の一日券である。十五ズロチだから、日本円に換算すると四百円弱だ。切符は地下鉄の駅やトラムの電停、バス停に設置された券売機のほか、ルフと呼ばれる売店でも買える。このシステムに慣れてしまうと、「Suica《スイカ》」や「PASMO《パスモ》」を購入しない限りJR、私鉄、地下鉄、バス、都電などに乗り換えるたびに改めて運賃を支払わねばならない東京のシステムがどれほど外国人観光客に不親切かを思い知らされる。

四年前とは異なり、地下鉄は2号線が新たに開通していた。1号線が南北線だとすれば、2号線は東西線に当たる。どちらも時刻表はなく、次の電車があと何分何秒で来るかが電光掲示板で表示される。待たずに乗れるので、それを真剣に見ている人はいない。しかし1号線と2号線をあわせても総距離はまだ短く、網の目のように広がるトラムの路線網には到底及ばない。

朝の7時45分、1号線の南側の終点、カバティ駅からモチーニゆきの地下鉄に乗ってみた。東京ではラッシュ時に当たるこの時間でも、悠々と座れる。整列乗車などという習慣はない。二駅先のイメリンでようやく座席がふさがる。通路をはさみ、六人掛けのロングシートが向かい合っている。私を含めて十二人が座っているが、そのうち五人がポーランド語で書かれた分厚い本を読んでいる。あとは寝ている客が三人、スマホを操作している客が三人。新聞や雑誌を読んでいる客はいない。それにしても、恐るべき読書率である。カバティ駅に隣接した巨大スーパーのなかにも立派な書店があった。

車内の案内は基本的にポーランド語のみだが、鉄道や地下鉄2号線との乗換駅に限って英語のアナウンスが入る。これはトラムでも同様で、四年前にはなかったサービスといえる。ただ地下鉄にせよトラムにせよ、乗っているのは圧倒的に地元の市民や学生で、日本人らしき客に出会うことはついになかった。

トラムの総延長は一三〇キロあまり、全部で二十五系統ある。ポーランド語が読めなくても、数字さえ見ればどこを通るかがわかる仕組みになっている。私が滞在していたホテルから最も近いトラムの電停はドヴォルコーヴァと言い、4、10、14、18、35の五系統が乗り入れていた。一見、どれも同じ車体をしているが、地下鉄の駅同様、どの系統があと何分で来るかが到着順に電光掲示板で表示されるので、続いてトラムが来ても迷うことはない。

二十五系統もあることから想像がつくように、ワルシャワの市域は広い。だが、高層ビルや歴史的建造物が建ち並ぶ中心街ですら、突然景色が変わり、黄葉で染まる公園のすぐ脇を走ったりする。市内を南北に貫く大河、ヴィスワ川にかかるグダンスク橋を渡るときには、世界遺産に登録されている旧市街の全貌が陽炎《かげろう》のように眺められる。こう書くと、いかにも古くからの町並みが残っているように聞こえるが、実は第二次大戦末期の一九四四年八月、ナチス・ドイツに対して国内軍が武装蜂起した「ワルシャワ蜂起」が失敗に終わり、ナチスによって徹底的に破壊された町を忠実に復元したものである。

第二次大戦が勃発した三九年当時、ワルシャワのトラムの総延長はすでに六〇キロに達していた。しかし、四三年四月にゲットーのユダヤ人レジスタンスが起こしたナチス・ドイツに対する武装蜂起「ゲットー蜂起」が失敗したさい、ナチスによって破壊されたのに加えて、前述のワルシャワ蜂起でも破壊された。二〇一三年に旧ゲットー地区に開館した「ポーランド・ユダヤ人歴史博物館」には、ゲットー蜂起当時のトラムの車窓から見た風景が、トラムのセットごと再現されている。

戦後、トラムは見事に復活した。ナチスによって破壊された旧市街が再現されたばかりか、郊外には日本の団地とよく似た集合住宅も相次いで建設された。私が利用したドヴォルコーヴァの電停付近にも、東京の滝山団地や多摩ニュータウンなどでよく見かけるような中層フラット棟や高層棟の住宅がいくつもあった。遊歩道の周辺には、ワルシャワ蜂起の慰霊碑や慰霊塔があり、ここが激戦地の一つであったことを告げていた。

もちろん日本でも、広島にはトラムが走り、原爆死没者慰霊碑や原爆供養塔が建っている。けれどもワルシャワでは、市民が地上で武器をもち、ナチスと戦った点が決定的に違っている。慰霊碑には、ナチスに銃撃される市民の姿が描かれ、戦いのあった日付も刻まれている。そのすぐ横を、ドヴォルコーヴァの電停に向かう集合住宅の住民が通り過ぎてゆく。戦争体験をめぐる彼我の違いを考えずにはいられない光景であった。

旧満洲の高鉄《ガオティエ》

二〇一七（平成二十九）年八月二十三日から二十八日まで、私が理事をしている日中文化交流協会の訪中団「日本文化界訪中団」の団長として、中国東北地方、すなわち旧満洲を訪れた。まずハルビンまで空路を経由し、ハルビン、長春、瀋陽《しんよう》、大連《だいれん》で泊まりながら鉄道で南下した。

ここにはかつて、日本が樹立させた傀儡《かいらい》国家である「満洲国」があった。大連とハルビンの間では、南満洲鉄道（満鉄）が超特急「あじあ」を走らせていた。『鉄道省編纂時間表』一九四〇（昭和十五）年十月号を見ると、「あじあ」の下りは大連8時55分発、ハルビン21時30分着。上りはハルビン9時30分発、大連22時5分着となっている。なおこの「下り」「上り」は「満洲国」の首都新京（現・長春）ではなく東京を中心としていたため、東京に近い大連に向かう方が上りとなった。

しかしいまでは、在来線とは別に高速鉄路、すなわち高鉄《ガオティエ》と呼ばれる新幹線が大連―ハルビン間に走っている。今回の訪中では日程の都合上、在来線に乗ることができず、全区間を高鉄で移動することになった。

高鉄は、中国の鉄道の印象をすっかり変えてしまった。まず駅の構造が違う。高鉄が停まる駅には、どこも空港のようなだだっ広い待ち合わせのための空間がある。客はまず荷物検査を受けてからこの空間に入り、しばらくベンチに座って列車を待つ。そして自分が乗る列車の発車時間が近づくと、指定されたゲートが開いて改札が始まり、ようやくホームへと下りることができるのである。このシステム自体が飛行機を思わせる。

したがってホームには、基本的に人がいない。もちろん売店もない。客たちは、切符に指定された席の番号を確かめながら、すでに入線している列車にあわただしく乗り込んでゆく。発車の三分前にはゲートが閉まり、列車に乗ることができなくなる。だから定刻の一分前でも発車することがある。この点は、ロンドンとパリの間で乗った「ユーロスター」に似ている。

列車の編成は八両ないし十六両で、最前部と最後部の車両は一等車、それ以外は二等車である。一等車には、グリーン車に相当する座席とグランクラスに相当する座席がある。私たちは一等車に乗った。新幹線のグリーン車同様、通路を中央に二列の座席が並ぶ配置である。リクライニングや足掛けの位置なども新幹線と全く変わらない。線路はロングレールで揺れも少ない。

ダイヤもまた日本の新幹線と同様、きわめて正確である。最高時速は三百キロを超える。ハルビン—長春西間は五十四分、長春—瀋陽間は一時間二十二分、瀋陽南—大連間は二時間八分しかかからなかった。ちなみに戦前で最速とされた「あじあ」は、ハルビン—新京間が四時間、新京—奉天《ほうてん》（現・瀋陽）間が三時間二十九分、奉天—大連間が四時間五十分かかかっている。

高鉄は在来線とは異なり、ほとんどが高架線を行く。最後の大連北—大連間だけが在来線との併用区間であった。この点でも確かに、日本の新幹線と似ている。しかし決定的に違っていたのは、沿線の風景であった。

どこまで走っても、基本的には同じような風景がずっと続く。目立った山はなく平坦でありながら、やや起伏のある地形。一面のとうもろこし畑や水田などの田畑。田畑の間を流れる用水路。時々現れる小さな町や集落。そしていつも彼方には地平線が広がる。大連が近づくにつれ山と海が迫り、トンネルをくぐったりもするが、車窓の変化はきわめて乏しかった。

例えば、英国ロンドン郊外のレッチワースからケンブリッジにかけての鉄道の沿線でも、やや起伏のある地形に一面の麦畑が広がり、地平線まで見渡せる雄大な風景に出くわす。しかしその風景は二十分と続かない。旧満洲では、時速三百キロを超える列車に乗っても、同じような風景が何時間も続くのである。

日本の東海道新幹線であれば、たとえ高速で走っていても、富士山や浜名湖が見えればどのあたりを走っているかが大体わかる。車窓の風景は変化に富んでおり、その変化を確認することで東京から大阪へと移りつつあるのを実感できるわけだ。こうした車窓に慣れてしまうと、高鉄の車窓は単調でしかなく、ハルビンから大連へと移りつつある実感を得られなかった。

それは中国人にとっても同じかもしれない。彼らにとって高鉄に乗るのは、飛行機の国内線に乗るのと同じような感覚なのではないか。飛行場のような駅から乗り、あっという間に目的地の駅に着く。列車に乗るのは移動のための手段でしかなく、車窓を眺めることなど、はじめから想定されていないかのようだ。

こう考えると、彼らが日本の鉄道に興味を覚えるのもよくわかる。新幹線ですら高鉄とは異なり、景色がどんどん変わる。富士山に度肝を抜かれたとしても、決しておかしくはない。ましてや四季折々で景色が変わるローカル線に魅せられるのは必定ではないか。高鉄に乗りながら思ったのは、このような彼我の違いであった。

年々歳々

梅棹忠夫の道路論

版元が謝罪に追い込まれ、右翼テロ事件が起きるきっかけとなる深沢七郎《ふかざわしちろう》の小説「風流夢譚《ふうりゅうむたん》」が掲載された『中央公論』一九六〇（昭和三十五）年十二月号に、文明史家の梅棹忠夫《うめさおただお》が「名神道路」と題する興味深いルポルタージュを掲載している。当時建設中だった名神高速道路の建設現場を訪れ、なぜ日本では欧米諸国ばかりか他のアジア諸国と比べても道路網の整備が遅れたのかを、梅棹ならではのユニークな観点から論じたものだ。

名神高速道路は、日本で初めて建設された高速道路であった。それまで日本には、まともな道路が一つもなかったのだ。五六年に来日した米国の調査団の団長で、統計学者のJ・ワトキンスは、「日本の道路は信じがたい程に悪い。工業国にして、これ程完全にその道路網を無視してきた国は、日本の他にない」と断定した。これに対して梅棹は、「わたしたちは、それが誇張ではないことをしっている」と述べている。

ではなぜ、日本では道路網の整備が遅れたのか。その理由として梅棹は、日本に馬車がなかったことを挙げる。確かに江戸時代には、五街道をはじめとする街道網が整備されたものの、それらはあくまでも歩道であった。「日本では、道というものは車をとおすためのもの、という観念がまったく欠けている」のである。明治以降、政府が熱心に取り組んだのは、道路ではなく、鉄道の建設であった。「日本の産業は、もっぱら水運と鉄道によってささえられたのであった」。

梅棹が提起した、なぜ日本では道路網の整備が遅れたのかという問いは、なぜ日本では急速に鉄道網の整備が進んだのかというもう一つの問いとつながっている。しかし梅棹は、前者の問いには答えても、後者の問いには答えていない。それは明治になり、新たな支配者となる天皇の存在を抜きにして考えることはできまい。

天皇は、明治五（一八七二）年陰暦九月に新橋―横浜間に鉄道が開業したときから、いや正確にいえばすでに仮開業していた同年陰暦七月から、鉄道を利用している。鉄道は文明開化の象徴であり、天皇が開業したばかりの鉄道に乗ることは、文明開化の推進者としての天皇像を普及させるための絶好の機会となった。それだけではない。ダイヤグラムにしたがって走る鉄道は、道路とは異なり、沿線で人々の行動を一分単位で規制することが可能となるため、天皇が乗った御召列車が走ることで、より徹底した支配を浸透させることができるようになった。

まだ鉄道網が確立されていなかった明治初期には馬車を使うことがあった天皇も、明治中期以降の行幸ではほぼ完全に鉄道に移行する。梅棹が指摘したように、日本では馬車の時代がほとんどなかったのだ。近代の天皇や皇太子は、地方のローカル線や中小私鉄を含めて、実によく鉄道を使っている。その習慣は、四六年から五四年までのいわゆる戦後巡幸にも受け継がれた。

こうして見ると、ナチス・ドイツとの違いも明らかになる。梅棹が言うように、ヒトラーは独裁的な権力によってアウトバーンの建設を進めた。彼自身は鉄道で移動することがあっても、鉄道は政治体制と必ずしもつながっていなかった。それよりは、ヒトラーの演説を伝えるラジオや映画などのメディアが果たす役割のほうが、はるかに大きかった。一方、日本では四五年八月の玉音放送まで天皇の肉声が伝わることはほとんどなかった代わりに、鉄道が政治体制と結び付き、天皇が地方を訪れるたびに、沿線の「臣民」は一分単位で行動を規制され、御召列車に向かって最敬礼しなければならなかった。

敗戦後もドイツでは、東西に分割されながらアウトバーンの建設がなお続いた。しかし日本では、GHQに占領統治され、アメリカ化が進んだにもかかわらず、道路網は一向に整備されなかった。それは結局、天皇制が廃止されず、昭和天皇も退位しなかったことと関係があるのではないか。言うまでもなく高速道路では、沿道に人々が動員されること自体が不可能になる。

逆にいえば、六〇年代以降に高速道路の建設が急速に進んだのは、それだけ天皇制が戦前とのつながりを断ち、まさに戦後的な象徴天皇制へと移行したことを意味している。梅棹は六〇年の時点で、地元住民が先祖伝来の土地を簡単に手放すとは思えないとし、誠意を尽くさなければ日本で高速道路網を確立させるのは難しいと予測していたが、この予測は今日、見事に外れている。いまや北海道から沖縄まで高速道路ができているのに対して、鉄道は不採算路線が次々と廃止され、地方では車がなければ生活できなくなりつつあるのは周知の通りである。

昭和から平成になると、天皇や皇后もまた鉄道を使わなくなった。武蔵陵墓地や葉山御用邸へは車で中央高速や首都高速などを経由し、東日本大震災などで被災地を訪れたときにはヘリコプターを利用した。明治以来の天皇と鉄道との密接な関係が断たれたことが、日本の鉄道を衰退させる一方、ようやく本格的な高速道路の時代をもたらしたという見方もできるのである。

花見の鉄道旅

かつて民俗学者の柳田國男《やなぎたくにお》は、鉄道の車窓の魅力を説いた『豆の葉と太陽』（創元選書、一九四一年）のなかで、「日本はつまり風景の至つて小味な国で、此間を走つて居ると知らず識らずにも、此国土を愛したくなるのである。旅を或《ある》一地に到着するだけの事業にしてしまはうとするのは馬鹿げた損である」と述べた。しかし現実には、新幹線網が全国に張り巡らされ、「旅を或一地に到着するだけの事業」にすることがますます盛んになっている。

春は、列島の花々が一気に咲き競い、鉄道の車窓が最も華やぐ季節である。それとともに新幹線から在来線に乗り換えて車窓に目を凝らしたい思いが強くなる。そう思っていた矢先、講談社の川治豊成さんから花見に行く話をもちかけられた。

とっさに思い浮かべたのは、樽見《たるみ》鉄道の谷汲口《たにぐみぐち》（岐阜県）と、ＪＲ関西本線の笠置《かさぎ》（京都府）だった。どちらの駅も桜の名所として知られているが、桜のシーズンに乗ったことはない。この機会を逃せば、また一年待たなければならないことを考えると、にわかに乗りたい意欲が湧いてきた。

――行きましょう。谷汲口と笠置の両方を見たいですね。どうせなら京都に一泊して、二〇一五（平成二十七）年四月三日から一般公開される京都御所も見学しませんか。

こうして話はまとまった。三月下旬に暖かい日が続いたため、桜前線の北上が幾分早まっている。それに合わせて、四月二日に発ち、三日に帰る計画を立てた。京都のホテルはどこも満室だったが、粘り強く検索を続けた末、御所に近い烏丸《からすま》御池《おいけ》のビジネスホテルを予約できた。


二〇一五年四月二日の8時29分、私は新横浜から「のぞみ15号」に乗った。東京から乗った川治さんと合流する。9時49分に名古屋に着き、10時発のＪＲ東海道本線下り新快速大垣《おおがき》ゆきに乗り換える。大垣には10時32分に着いた。

同じホームの反対側に、樽見ゆきの樽見鉄道のディーゼルカーがもう停まっている。赤く塗られた一両編成のレールバスで、すでに座席は埋まり、立っている客もいる。樽見鉄道の沿線には、谷汲山《たにぐみさん》華厳寺《けごんじ》や根尾谷《ねおだに》淡墨桜《うすずみざくら》といった名だたる花見スポットがあるため、四月一日から十五日まで「桜ダイヤ」を組み、本数を増やしている。今度の列車は10時43

分発だから接続はよい。ホームにある樽見鉄道の切符売り場で谷汲口までの切符を買う。

樽見鉄道の前身は国鉄の樽見線で、大垣と美濃神海《こうみ》（現・神海）の間を結んでいた。国鉄末期に廃線指定を受けたものの、一九八四（昭和五十九）年に第三セクターの樽見鉄道として再出発し、八九（平成元）年には樽見まで延伸させた。国鉄の赤字線が次々に廃止されてゆくなか、逆に延伸させた線はきわめて珍しかった。

実は日経の記者だった八八年に、すでに延伸の工事が進んでいた樽見鉄道を取材するため、本社を訪れたことがある。第三セクターになると、たいていはレールバスのような軽量化した車両に転換されるものだが、樽見鉄道はわざわざ通学用の列車を国鉄時代の古い客車に替えるなど、逆転の発想が目を引いていた。当時はセメント輸送も行っており、ディーゼル機関車の運転士を活用したのだ。あの取材以来だから、二十七年ぶりの乗車ということになる。

10時43分、定時に発車する。宮脇俊三は『時刻表2万キロ』（角川文庫、一九八四年）で、一九七六（昭和五十一）年五月二日に樽見線に乗ったときのことを書いている。「大垣発17時26分美濃神海行の二両のディーゼルカーは、樽見線専用ホームから美濃赤坂行とは反対に、岐阜の方へ向かって発車する。これまた四分ほど東海道本線に沿うが、こんどははじめから自分の線路の上を走り、本線との分離点にある無人駅東大垣にまず停車する」。

この展開はいささかも変わっていない。鉄道は道路ほど大きくは変わらないのが改めてよくわかる。

ただ第三セクターになってから、駅の数が増えた。国鉄時代にはなかったモレラ岐阜という駅で、春休み中とおぼしき若い男女が大勢降りてしまった。モレラ岐阜というのは、紡績工場の跡地に建設された大型ショッピングセンターのことで、映画館のほか、岐阜県初の出店となった「H&M」「ZARA」などもある。なんだ、花見に行くわけではなかったのかといささか拍子抜けする。

樽見鉄道の本社がある本巣《もとす》を過ぎると、濃尾平野が尽きて山間に入り、揖斐《いび》川の支流である根尾《ねお》川に沿ってゆく。雪解け水を含んでいるせいか、根尾川の水量は支流と思えぬほど豊かで、濃い緑色をしている。その色が、かつて磐越《ばんえつ》西《さい》線の車窓から見た阿賀《あが》野《の》川を思い出させる。

難読駅名である木知原《こちぼら》の桜並木もほぼ満開だったが、目指すは次の谷汲口だ。列車が速度を緩め、ゆるやかにカーブするホームに差しかかった途端、前方のホームや線路の左右に咲き誇る桜の木々が目に飛び込んできた。川治さんも私も、「おお」と思わず声を上げる。

当然、桜とディーゼルカーの共演を写真に収めようと、線路脇には男性の「撮り鉄」たちが群がっている。私たちはいったん出て、駅前に待機していた谷汲山ゆきのバスに乗った。どうせまた戻ってくるので、まずは谷汲山華厳寺の桜を見に行こうと考えたのだ。

バスに揺られること十分弱にして、終点に着いた。駅よりも少し標高が上がったせいか、参道のソメイヨシノはまだ五分咲き程度で、谷汲口駅ほどのインパクトはなかった。谷汲山華厳寺は近畿地方と岐阜県に点在する「西国三十三所観音霊場」の第三十三番札所に当たり、結願《けちがん》・満願の寺として知られている。だが、境内に飾られた団体の記念写真は昭和三十年代に撮られたものばかりで、巡礼客らしき姿は少なく、巡礼装束や観音を描いた掛け軸などを売る参道の店も、軒並み閑古鳥が鳴いていた。

山門の脇にあった食堂で、名物の椎茸や今が旬のタケノコが入った「満願そば」を食べてから、参道入口の近くにあった名鉄谷汲駅の跡に行ってみた。谷汲駅は名鉄谷汲線の終点だったが、二〇〇一（平成十三）年に廃止された。その当時の駅舎やホームが保存され、電車も停まったままになっていて、親子連れが開放された車内で遊んでいる。

谷汲駅の歴史は古い。一九二六（大正十五）年、谷汲山華厳寺の門前駅として開業している。それほどまでに巡礼客が多かったということだ。八二（昭和五十七）年六月一日に名鉄谷汲線に乗って谷汲を訪れた宮脇俊三は、「電車の鼻先は行き止まりで、木造の大きな駅舎がある。そして、ホームには鉄骨の丸屋根がかけられている。二〇〇人ぐらいは雨やどりのできそうな屋根で、谷汲線としては異色の立派な駅だ」と感嘆している（『終着駅へ行ってきます』、河出文庫、二〇一〇年）。けれども、電車から降りた客は「わずか数人」にすぎなかった。谷汲線の廃止が、ただでさえ少なくなっていた巡礼客を一層減少させる結果を招いたことは、想像に難くない。

旧谷汲駅からタクシーで谷汲口駅に戻ってみると、相変わらず「撮り鉄」の男性たちが思い思いに時間をつぶしていた。全員が退職して暇を持て余しているような熟年世代である。待合室で持参の弁当を広げて談笑する四、五人のグループもいれば、集団から離れて早くも次の列車を狙おうと、カメラを構えている単独の男性もいる。

そこへ親子らしき二人の女性が現れた。このとき、意外な出来事が起こった。ホームにいた一人の男性が、「桜をバックにモデルになってくれんかな」と声をかけたのだ。母親らしき女性が、「この娘はいいけど、私なんかでもいいのかしら」と戸惑った表情を見せると、「いやいや、ワシよりはずっと若いよ」などと褒めそやしている。娘のほうは明らかに嫌がっていたが、母親のほうはまんざらでもなかったようで、仲良く被写体におさまっていた。

――あんな高齢の「撮り鉄」でもナンパするんですね。

川治さんが、感心したようにつぶやいた。私も同感だった。男性の声は大きく、待合室まで響いてくる。毎年、桜のシーズンになると、谷汲口に連日陣取り、列車を撮影するのだという。撮影の蘊蓄を母親と娘に得々と語っているのが、何ともいえずおかしかった。

間もなくやって来た13時40分発の下り列車に乗った。今度の列車は薄緑色に塗られていたが、谷汲口から乗ったのは私たちだけだった。男性たちはもとより、二人の女性もカメラを向けている。大垣始発ではなく途中の本巣始発のせいか、数人しか乗っていなかった。

神海からは、第三セクターになってから開通した区間に入る。根尾川の谷が一層急峻になり、列車はトンネルと鉄橋の連続で上流へと向かう。一八九一（明治二十四）年の濃尾地震で発生した根尾谷断層の走る水鳥《みどり》という駅を経て、終点の樽見には14時6分に着いた。ここまで来たからには、根尾谷淡墨桜を見ないわけにはゆかない。

根尾川を渡り、標識にしたがって坂道を歩くこと十五分。継体天皇お手植えと伝えられ、樹齢千五百年あまりを誇る桜の巨樹が、突然姿を現した。が、期待は見事に裏切られた。全く咲いていないのだ。彼岸桜の一種だから、ソメイヨシノよりも開花が遅いのだろう。淡いピンクに染まる無数のつぼみを、ただ眺めるしかなかった。

急いで樽見駅まで戻り、15時1分発の大垣ゆき列車に乗る。大垣から谷汲口まで乗ったときと同じ赤い車両であった。私たちと同じくがっかりした表情を浮かべる観光客たちで座席はほぼ埋め尽くされた。谷汲口ではさっき見たばかりの男性グループがまだいて、カメラを構えていた。

モレラ岐阜でまた若い男女が大勢乗ってきて、通路は立錐の余地もなくなった。大垣には16時5分に着いたが、ＪＲのホームとの間に改札がなく、樽見鉄道の職員が列車から降りてきた客一人ひとりの切符を回収して降車駅証明書を渡していたために時間がかかり、予定していた16時9分発の下り米原ゆきに乗ることはできなかった。

やむなく16時35分発の電車で米原に出て、米原から京都までは「こだま」を使って時間を節約した。夜は外国人客でにぎわう木屋町《きやまち》通を歩き、鴨川沿いの豆腐料理店で川治さんと一緒に湯豆腐を食べた。

四月三日の午前八時半、私たちは烏丸御池のホテルをあとにして室町通を徒歩で北上し、京都御所へと向かった。九時の開門を前にもう行列ができていて、開門とともに人々がいっせいに動き始める。

京都御所の一般公開に合わせての見学は、これで三度目である。川治さんは初めてだそうで、大正、昭和の即位の礼が挙行された紫宸殿《ししんでん》の威容に圧倒されている。だが私は何度も見ている紫宸殿には一顧だにせず、春興殿《しゅんこうでん》に向かって歩を進める。春興殿というのは、即位の礼のとき、東京から運ばれた神鏡を一時的に奉安していたところで、皇居・宮中三殿の賢所《かしこどころ》に相当する。ふだんは一般公開期間中であっても内部を見ることはできなかったが、二〇一五年は大正の即位の礼から百年に当たるのを記念して特別に公開されたのだ。しかし、天皇が入る内陣は御簾《みす》が半分ほど開いていたものの、神鏡が置かれる内々陣はさすがに御簾が下りていて、中をうかがうことはできなかった。

御所に近い今出川《いまでがわ》から地下鉄で京都駅に向かう。急な仕事が入ったため一足早く新幹線で帰る川治さんと別れ、JR奈良線のホームから10時34分発のみやこ路快速奈良ゆきに乗る。まるで貸し切ったように、一車両のほぼすべてが外国人に占領されている。よく見ると、彼らはみなJR西日本のパスを持っている。きっと奈良に向かうのだろう。

昨日に続いての薄曇りである。快速の停車駅で言えば奈良の一つ手前に当たる木津《きづ》で降りる。JR関西本線、奈良線、片町線（学研都市線）の三線が乗り入れる交通の要衝で、この駅で大阪から来た関西本線上りの大和路快速加茂《かも》ゆきに乗り換える。関西本線の電化区間は加茂までで、加茂ではさらに一両編成の亀山ゆきディーゼルカーに乗り換えなくてはならない。

加茂を出た途端に景色がひなびてくる。列車は木津川の土手ぎりぎりの区間をずっと走る。「間もなく笠置です」という車内放送とともに前方を見るや、細長いホームと、線路脇の土手の桜並木が姿を現した。満開である。「撮り鉄」と思われる数名の男性とともに降りる。

ついに念願かなって春の笠置に来た。関西本線の起点である名古屋と奈良を結ぶ急行が走っていた頃には、休日に限って急行が停車したこともあるこの駅のホームは長く、八両編成の列車でも悠々と停まれそうだ。それなのに、もはや使われなくなったホームの先端部は朽ち果て、苔が生えている。

下りの線路にかかる跨線橋から名古屋方面を見やると、すぐ前方に笠置山《かさぎやま》が見える。元弘《げんこう》(一三三一)年に鎌倉幕府打倒を企てる後醍醐天皇が三種の神器を奉じ、幕府軍と戦った山として知られている。山中には、天皇の行在所《あんざいしょ》も残っている。急行が停まったということは、それだけ笠置山に登る観光客も多かったのだろう。

切符は列車を降りるときに運転士に回収されたから、てっきり無人駅かと思っていたら、窓口があって駅員もいた。駅舎も簡素ながら味わいがあり、駅名板は木彫りであった。駅前にスナック喫茶もあったが閉まっている。「ミカド」という店名が土地柄を思わせる。

旅館案内の看板を見つけた。数軒の旅館の電話番号が列記されている。けれども市外局番が六桁のままで、市内局番はなく、加入者番号である四桁だけで通じた時代のものだ。

ちなみに現在の市外局番は四桁、市内局番は二桁である。思うに、ここに掲げられた旅館の多くはもう閉鎖されたのではないか。完全に時が停止し、桜だけが季節の推移を知らせる笠置の駅を象徴するかのような看板であった。

次の亀山ゆきの列車が来るまで、まる一時間ある。

食堂が見当たらず、昼食は近くの公共温泉施設内にあった喫茶店でうどんを食べた。駅に戻ってみると、先ほど一緒に列車を降りた男性たちが、桜に染まる駅周辺をさまざまな角度から撮影している。だが、昨日の谷汲口に比べるとその数は少なく、単独の「撮り鉄」ばかりだった。

いや、そうではなかった。

一人の男性が、ホームのベンチに座ったまま、じっと木津川沿いに咲く桜の方向を凝視している。七十代だろうか。紺のウインドブレーカーを着て、黒い野球帽をかぶっている。「撮り鉄」とは違い、カメラは持っていない。ただ座っているだけである。

しかしその視線には、何やら哀愁めいたものが漂っていた。気安く声をかけるのがはばかられる空気があった。

ひょっとしてこの男性は、長年連れ添った妻をなくしたばかりで、寂しさを紛らわそうとして、かつて妻とともに見た桜をもう一度見に来たのではないか——そんな直感めいたひらめきが、私のなかで起こった。

間もなく、亀山ゆきの列車が入線してきた。私は乗ったが、彼はベンチに座ったままだった。満開の桜そのものより、もう二度と会うことはないであろう男性の残像の方が、いっそう強く脳裏に刻み込まれた。

川と海と桜と

二〇一五（平成二十七）年四月に谷汲口《たにぐみぐち》（岐阜県）と笠置《かさぎ》（京都府）で見た桜が忘れられず、一六年の春もまた講談社の川治豊成さんと堀沢加奈さんを誘って花見の鉄道旅に出掛けることにした。

今回の条件は、日帰りで行けて、川沿いにある桜と海に面した桜の双方を堪能できること。この条件に見合う駅として、大井川鐵道《おおいがわてつどう》の家山《いえやま》と、JR伊東線の伊豆多賀《いずたが》を思いついた。どちらも静岡県内にあり、新幹線を使えば余裕で回ることができる。大井川鐵道には蒸気機関車も走っているから、どうせ乗るならSL列車の起点となっている新金谷《しんかなや》から家山までこの列車に乗れるプランを考えてみた。

四月六日、私たちは新幹線「こだま」とJR東海道本線を乗り継いで金谷まで行った。日差しが柔らかく春爛漫の陽気に恵まれている。大井川鐵道の乗り場は東海道本線上りホームの端にあり、JRの敷地を間借りするような格好になっている。ここからかつて南海電鉄で使われていた電車に乗って次の新金谷で降りると、ホームの向かい側に千頭《せんず》ゆきのＳＬ急行「かわね路1号」が停まっていて、すでに人だかりができている。

川治さんも堀沢さんも、蒸気機関車の引く列車に乗るのは初めてだという。いまでこそＳＬ列車は全国各地で復活するようになったが、大井川鐵道こそはそのパイオニアであり、国鉄から蒸気機関車の引く定期列車が消えた翌年の一九七六（昭和五十一）年から運転を始めている。機関車だけでなく、客車も昭和十〜二十年代のものを使っているから、まるで昭和期のローカル線にタイムスリップしたかのようだ。

11時52分、ＳＬ列車ならではのドラフト音とともに新金谷を出発する。平日だというのに車内はほぼ満席で、アジア系の外国人もいる。女性の車掌が歌をはさみながら沿線の案内をしてくれる。金谷の市街地を抜けると大井川が迫ってくる。上流にダムが作られたせいか、川幅が広いわりには河川敷ばかりで、肝心の水量は多くない。列車は崖っぷちのようなところを恐る恐る進んで行く。

やがて視界が再び開け、大井川から少し離れたかと思うと、両側の車窓が桜で埋めつくされる。家山の里に入ったのだ。線路端には、「撮り鉄」たちがいっせいにカメラを構えている。女性も結構いる。カメラをもっていない人は、列車に向かって手を振っている。平日の昼間、茶畑の広がるのどかな山里にこれだけの人たちが集まっていることに少なからず驚かされる。

12時20分、家山に着く。先ほど車窓から見えた桜並木を見に行ってみる。大井川と単線の線路に挟まれた土手に、ソメイヨシノやヤマザクラなど、ピンクや白の花弁がいっせいに咲き誇っている。そこにちょうど臨時の家山ゆきSL急行が通りかかった。花見のシーズンに合わせて増発しているのだ。

この風景を眺めながら、なぜ鉄道でなければならないのかを考えた。どこの中小私鉄も経営が苦しい。大井川鐵道も例外ではない。SL列車は運転しても合理化のため通常の列車の運転本数は減らしている。それならいっそ廃止してバスにすればよいではないかという声も聞こえてきそうだが、そうなった場合、一般道路を走るバスを撮るために家山まで行ったり、バスに向かって手を振ったりする人が一体どれだけいるだろうか。

大井川鐵道には、SL復活を実現させた白井《しらい》昭《あきら》というアイデアマンがいた。白井は鉄道を産業遺産と見なし、大井川鐵道を動く博物館にしようとした。その思想はJR九州などにも受け継がれている。今日家山に集まっている人々は、おそらく全員が白井の経営哲学を堅持する大井川鐵道の根強いファンに違いない。

13時27分、家山を出発し、東急で使われていたステンレスカーに乗って金谷に戻る。金谷からは再び東海道本線と新幹線「こだま」を乗り継いで熱海まで行く。熱海では、JR

伊東線に乗り換える。ＪＲとの相互乗り入れができない大井川鐵道とは異なり、伊東線からそのまま伊豆急行線に乗り入れて伊豆急下田《しもだ》まで行く電車が多い。私たちが乗ろうとする15時35分発の普通電車もそうで、東急の車両を改造した伊豆急の車両が使われていた。

二つ目の伊豆多賀で降りる。無人駅で特急は停まらないが、上野東京ラインに乗り入れる電車もあるため、ホームは長い。改札を出るとソメイヨシノが満開で、駅前の狭いロータリーを覆いつくしている。その向こうには相模湾が広がり、沖合に初島《はつしま》がくっきりと浮かんでいる。

家山のように、「撮り鉄」が群がっているわけではない。見に来ているのは、明らかに地元の人たちだけだ。伊東線は単線のため、特急電車も伊豆多賀に運転停車することがあっても、乗客は車内から眺めているだけで外に出ることはできない。家山ほどの派手さはない反面、桜が穏やかな日常のなかに溶け込んでいる。

普通電車が着くと、男子高校生が降りてきた。このあたりに住んでいるのだろうか。自分の駅に帰ってくると、桜と海が迎えてくれるわけだ。家山とは違った意味で、映画になりそうな光景である。来年も再来年も、この光景が繰り返されることを祈りたくなった。

東北の桜、常磐の桜

二〇一七（平成二十九）年の春もまた、講談社の川治豊成さんや堀沢加奈さんと花見の鉄道旅を計画した。

三月三十一日に福島県浪江町の避難指示が解除されたのに伴い、四月一日にＪＲ常磐線の小高《おだか》—浪江間が開通し、同線の浪江以北が一本につながった。そこで四月十七日に東北新幹線でまず北上し、福島でＪＲ東北本線に乗り換えて桜の名所を訪れてから、同線の岩沼《いわぬま》で接続する常磐線にさらに乗り換え、浪江まで足を伸ばすことにした。

10時40分、仙台ゆきの快速が福島を発車した。福島から東北本線に乗るのは数十年ぶりである。しばらくは福島盆地を行く。あちこちで桃の花が咲き、桜や杏子《あんず》も見える。まさに桃源郷のような風景で、車窓に釘付けになる。東北新幹線に乗り慣れていたせいか、在来線の風景がこれほど違うことをすっかり忘れていた。

福島県から宮城県に入り、白石《しろいし》を過ぎると左手に白石川が現れた。そして大河原《おおがわら》を出たところで、「皆様、左手をご覧ください。一目《ひとめ》千本桜がちょうど満開でございます。電車はしばらく徐行いたします」という車内放送があった。見ると白石川の堤が桜色に染まっている。川の両岸が樹齢八十年を超える「千本桜」、正確には千二百本のソメイヨシノで埋め尽くされているのだ。

私たちは、次の船岡《ふなおか》で降りた。実はこの駅には、まだ東北本線に特急や急行が走っていた昭和末期に降りたことがある。一目千本桜を背景に走る列車を撮るためであったが、訪れる時機が早く、桜を見ることはできなかった。今回はまさに満開で、月曜日にもかかわらず堤の遊歩道は混雑していた。中国人やタイ人など、外国人の姿がやたらと目につく。日本人でもなかなか知らない花見の名所に、外国人が大勢押し寄せている。

彼らはみな、私たち同様に東北本線を利用し、船岡で降りたに違いない。柳田國男が前掲『豆の葉と太陽』で言っていた「此国土を愛したくなる」人たちは、いまや日本人よりも外国人の方が多くなりつつあるという感を深くした。

一目千本桜を堪能した私たちは、船岡から東北本線の仙台ゆき電車に再び乗り、二つ目の岩沼で降りて常磐線の原《はら》ノ町《まち》ゆきに乗り換えた。二両編成のロングシートの電車で、座席はほぼふさがっている。「断たれた鉄路　常磐線はいま」（『思索の源泉としての鉄道』、講談社現代新書、二〇一四年所収）で記したように、この区間は震災の翌年に当たる二〇一二年に訪れたことがある。もっともそのときは、常磐線が開通していたのは岩沼から二つ目の亘理《わたり》までで、そこから先は代行バスの本数も少なく、川治さんの運転するレンタカーで津波をかぶった線路跡を探索しながら福島県の新地《しんち》まで行った。駅舎や線路が跡形もなく消えた坂元《さかもと》や新地の記憶はいまなお鮮やかだ。

あれから五年近くがたった。亘理の次の浜吉田《はまよしだ》を出た電車は、新たに敷設された線路を走った。従来に比べると内陸部に移設され、高架になったにもかかわらず、車窓から見る限り、市街地は相変わらず旧線沿いにある。山元町《やまもとちょう》の中心に当たる山下《やました》では駅周辺に真新しい住宅が造成され、「子育てするなら山元町」という看板も見えたが、町の人口の流出を暗示するかのようにさら地が目立った。自然あふれる東北本線の車窓を見た後だけに、さら地になったままの人工的な風景が痛々しく映った。

13時36分、電車は三分遅れで原ノ町に着いた。私たちは駅前通りに面した「丸屋」でそばを食べることにした。実は二〇〇六年に、いまはなき講談社の月刊誌『現代』の企画で常磐線沿線の駅そばを食べ歩いたとき、同じ丸屋弁当部が営業する駅そばの「天ぷらそば」をこの駅の構内で食べたことがある。そのときの味を、「浜通りの駅そばの特徴なのだろうか、麺はやはり柔らかく感じたが、天ぷらもすぐにほぐれるもので、食べるほどに三位一体感はさらに高まった」と書いた。今回は前回よりも麺が硬くなっていると感じたが、三位一体感はそのままであった。

15時12分、浪江ゆきの二両編成の電車が原ノ町を発車した。客は私たちと「乗り鉄」らしき女性の計四人しか乗っていない。三つ目の桃内《ももうち》という無人駅では、ホームから見下ろす位置に満開の桜並木が眺められた。しかし一目千本桜とは異なり、見ている人は誰もいない。終点の浪江では、駅舎に設置された線量計が0・387マイクロシーベルトと比較的高い数値を示していた。

住民がいなくなっても桜は咲いている。常磐線の桜には、東北本線の桜にはない悲しみの影が伴うがゆえに、いっそう荘厳な美しさを感ぜずにはいられなかった。

高尾発長野ゆき４４１Ｍに乗る

毎年桜の便りを聞くころになると、講談社の川治豊成さん、堀沢加奈さんとともに鉄道で花見の旅に出掛けるのが恒例になっている。今回はさらに同社の米沢勇基さん、臼杵明裕さんも加わり、五枚つづりの「青春18きっぷ」を一人一枚ずつ使うことで、鈍行列車の車窓からたっぷりと花見を楽しもうと考えた。

こうした旅行に打ってつけの長距離鈍行列車がある。東京都の高尾を14時2分に出て中央本線、篠《しの》ノ井《い》線、信越本線を経由し、長野に18時53分に着く４４１Ｍである。国鉄時代から長距離鈍行はなくなりつつあったが、二〇一七（平成二十九）年三月のダイヤ改正で逆に誕生したのが４４１Ｍであった。桜前線の例年にない早さの北上に合わせようと、一八年三月三十日に決行することにした。

よく晴れていて、気温も二十度近くある。13時57分、高尾駅の４番ホームに４４１Ｍが入線してきた。六両編成で、座席は通勤用のロングシートではなく、ボックス型のクロスシートであった。座席はほぼふさがったが、平日の午後とあって行楽客はあまりいない。定刻に高尾を出るとすぐに山間部に入る。実は一九九七（平成九）年四月一日、同じルートを通ったことがある。公募で採用された私立大学に着任し、辞令交付式に出席するためであった。あのときはまだ紅梅が咲いていた。いまは紅梅の代わりに満開の桜が山の斜面を覆っている。

次の相模湖で特急「かいじ」の通過待ちを行う。冷気が入らぬようドアは自動で開かず、開けたい人がボタンを押して開ける仕組みになっている。相模川の上流に当たる桂川の河岸段丘を行く大月《おおつき》まではソメイヨシノがずっと満開だったが、大月を過ぎて勾配が上がるにつれ、段々と五分咲き、三分咲きとなり、笹子《ささご》トンネルを抜けた甲斐大和《かいやまと》では一分咲きにも満たなくなった。この駅でまた特急「スーパーあずさ」の通過待ちを行うものの、あとは長野まで特急に抜かれることはない。

甲斐大和を出ると、米沢さんがそわそわし始めた。「トンネルが鬱陶しい。早く左手の車窓を見たい」と言っている。柳田國男も「何度通っても気分が新たになる」と絶賛した甲府盆地の大パノラマを見たいからだろう。果たしてトンネルを抜けるや、それまであまり車窓に興味をもっていなかった臼杵さんも含めて皆が喚声をあげた。スイッチバックの駅だった勝沼《かつぬま》ぶどう郷《きょう》の旧駅のあたりが、満開の桜で埋めつくされている。一駅違うだけで、季節が再び春へと戻ってきたかのようだ。

塩山《えんざん》で甲府盆地へと下りてくると、今度はピンクの桃と白っぽい李《すもも》の共演が見られる。酒折《さかおり》では三年間勤めた大学のレンガ色の棟々が眺められる。次の甲府でかなり客が入れ替わり、運転士も男性から女性に交代する。隣のボックス席では甲府から乗ってきた高齢の男女が向かい合い、県庁に行ってきたという男性を中心に談義の花が咲いている。ボックス型の座席配置が残る鈍行列車ならではの光景に、こちらの心までがなごんでくる。

盆地の北西端に位置する韮崎《にらさき》から、再び上り勾配にかかる。車窓の左手には雪の残る南アルプス、右手には八ケ岳連峰が迫ってくる。桜も再び開花の度合いが低くなり、ついに小淵沢《こぶちざわ》ではつぼみに戻ってしまった。代わりに目立つようになるのが白梅である。ソメイヨシノのような派手さはないが、山里にひっそりと咲いているところにかえってひかれる。季節は春から冬へと完全に逆戻りしている。

標高九五五・二メートルと、中央本線で最も高い駅の富士見《ふじみ》では、ドアが開いていなくても透き間から冷気が入ってくる。乗ってくる客も防寒服を着込んでいる。東京の気候に合わせた格好の臼杵さんが「油断した」と言うほど、車内が冷え込んできた。

17時31分着の松本でまた客が入れ替わる。運転士もまた女性から男性へと交代する。西日を浴びながら、通勤帰りらしき女性客がＮＨＫのテキスト『１００分de名著　ユゴー

「ノートル＝ダム・ド・パリ」』を熱心に読んでいる。首都圏の車内ではめっきり見かけなくなった光景に、さすがは教育県と感じ入ってしまう。

18時16分、米沢さんの言う「最後のクライマックス」がやってきた。日本三大車窓として知られる姨捨《おばすて》のスイッチバックである。冠着《かむりき》トンネルを抜けると右手の車窓が開け、善光寺平《ぜんこうじだいら》と呼ばれる長野盆地が眼下に広がった。その上空には、夕闇が迫るなか輝きを増した満月が浮かんでいる。平安時代から観月の名所として知られ、『万葉集』にも詠まれた場所だけのことはある。

しかし私の興味は、姨捨のプラットホームの方にあった。この無人駅には、「更級《さらしな》の月」という名の夜景ラウンジがある。豪華寝台列車「四季島」が停車するときに限って開かれるラウンジだ。いまは閉まっているが、高額な料金を払える大都市の富裕層のための駅になっているように見えてしまう。

18時53分、電車は定刻に長野に着いた。堀沢さんが「とても楽しかった」と言っている。桜や桃や梅はもとより、山あり川あり湖ありの五時間弱は変化に富んでいて飽きがこなかった。電車が走っていた時間は、十六年間勤めた前任校の教授会の時間とほぼ重なっていた。そう考えると、長い会議はいっそこの電車の一車両を借り切ってやればいいのにと思った。

再び三陸で考えた

条件はただ一つ。二〇一五（平成二十七）年九月十日午後三時久慈《くじ》発の三陸鉄道北リアス線（現・リアス線）宮古《みやこ》ゆき列車に乗ること。形式上は前任校のゼミ合宿だったが、実際には「日本鉄道旅行地図帳」シリーズをヒットさせた新潮社の田中比呂之《たなかひろし》さんに持ちかけて実現したこの企画に集まってきたのは総勢二十二名。うち正規のゼミ生は四名しかいない。あとは他ゼミ生やゼミOB、主婦、新聞記者や放送記者、編集者、そしてエッセイストの酒井順子さん、地図研究家の今尾恵介さん、ライターの内田宗治さんらであった。男女比はほぼ半々で、年齢層は二十代前半から五十代後半まで幅がある。

前日から夜行バスで来た人、当日朝の新幹線に乗り、二戸《にのへ》で降りてバスに乗り換えた人、同じく当日朝の新幹線に乗り、八戸《はちのへ》で降りてJR八戸線に乗り換えた人など、久慈までのルートはさまざまだった。私は八戸経由で来たが、八戸から久慈に向かう途中の鮫《さめ》で降り、魚市場の近くでラーメンを食べてから久慈へと向かった。

午後三時前、私たちが乗る一両編成の列車が久慈駅に入線してきた。実はこの列車、定期列車ではなく、わざわざ私たちのために運転される貸切の臨時列車であった。いったん乗り込んだが、ホームに残っていた田中さんが、「皆さん、前面に注目しましょう」と言うので降りて車両の前まで行ってみると、なんと運転台のすぐ下にヘッドマークが掲げられ、「原武史ゼミツアー」と称して私の似顔絵が描かれているではないか。何とも気恥ずかしかったが、田中さんと三陸鉄道旅客サービス部長の冨手淳《とみてあつし》さんの粋なはからいに感激する。

乗り合わせた全員の顔と名前を知っているのは私だけだった。お互いに初対面どうしの人たちも少なくない。一つの集団としてまとまっているわけではない。思い思いにボックス席に座り、各自好きなことをやっている。私も教師らしい振る舞いは一切やらない。それでも学生を含めて、孤軍奮闘している三陸鉄道を応援したいという気持ちだけは共通している。だからこそ、公共圏のなかに親密圏がかいま見える希有な空間となっている。

車両が動き出すと、同乗した冨手部長が要所要所で案内をしてくださる。場合によっては徐行したり停止したりする。単線のため駅で列車の交換をしなければならない関係上、当然ダイヤはあるはずだが、定期列車の本数が少ないため融通がきく。「あまちゃん」のロケが行われた堀内《ほりない》や津波で駅が流された島越《しまのこし》では十分程度停まり、自由に駅周辺を見学することができた。田老《たろう》では、津波でさら地になっていた駅前の土地にソーラーパネルが設置されているのを見ることもできた。

終点の宮古では、停止した列車に望月正彦社長（当時）が乗り込み、三陸鉄道の復旧過程や現状などについての説明をされた。説明が終わると学生との質疑応答がなされ、それが終わると今度は社会人が望月社長に質問した。口はばったい言い方になるが、ここには私が理想とする開かれたゼミの究極の姿があったように思う。

「鉄道が廃止された街で栄えた前例はない」。せんじ詰めれば、これが望月社長の信念だといえる。三陸鉄道は北リアス線と、釜石《かまいし》と盛《さかり》を結ぶ南リアス線に分かれていて、両線の間、すなわち宮古―釜石間には、震災で不通になったままのJR山田線がある。二月には、JR東日本が復旧させて三陸鉄道が運営を引き継ぐことが決まった。遅きに失したとはいえ、これでようやく鉄道による本格的な復旧に向けて動き出したかに見えた。

けれども冨手部長によると、いまだに着工には至っていない。JR東日本との協議がなかなか進まないのがその理由だという。昭和初期に全通した山田線は三陸鉄道と比べて線路の規格が低く、宮古―釜石間では中型以上の機関車などを走らせることができない。だが、あくまでも原状復帰にこだわるJR東日本は、三陸鉄道の規格に合わせた復旧を拒んでいるというのだ。

望月社長の信念に反して、ＪＲ東日本は盛で南リアス線に接続する大船渡《おおふなと》線や、気仙沼《けせんぬま》と宮城県の前谷地《まえやち》を結ぶ気仙沼線の鉄路復旧を断念し、ＢＲＴ（バス高速輸送システム）への転換を事実上決めた。これにより、岩手県の陸前高田《りくぜんたかた》市や宮城県の南三陸町《みなみさんりくちょう》などは、鉄道が走らない街となることが決まった。

震災からちょうど四年半となる九月十一日、私たちは宮古から釜石まで貸切バス、釜石から盛まで南リアス線、そして盛からは再び貸切バスに乗り、石巻《いしのまき》まで行った。気仙沼から南三陸町の中心に当たる志津川《しづがわ》にかけては、専用道や一般道を走るＢＲＴに何度かすれ違ったが、見事なほど客の姿がなく、乗客ゼロの便もあった。

確かにＢＲＴにしたことで本数は増えても、三陸鉄道とは異なり、わざわざ他所からＢＲＴに乗りに来る団体客はいない。これならまた本数が減るんじゃないですかと冨手部長に聞いたら、ＪＲ東日本は絶対に減らさないと言明しているという。鉄路復旧を待望する気運が再燃することを恐れているからだろう。鉄路復旧にかかる費用を考えれば、空のＢＲＴを走らせておくほうがまだましというＪＲ東日本の本音が透けて見えるように感じられた。

山形新幹線を考える

東京から山形に行く場合、最も便利なのは山形新幹線を利用することだろう。例えば東京14時発の「つばさ141号」に乗ると、山形には16時48分に着く。

では、この「つばさ」に乗り遅れた場合はどうするか。次の「つばさ143号」が出る15時まで東京駅で待つのがよいか。そうではない。東京14時20分発の東北新幹線「はやぶさ23号」に乗ると、仙台に15時52分に着く。そして仙台16時発のＪＲ仙山《せんざん》線快速に乗り換えると、山形に17時18分に着く。つまり東京を予定より二十分遅れて出発しても、山形には三十分の遅れで到着できる。山形新幹線を使わなくても、東北新幹線の「はやぶさ」と仙山線を活用すれば、少し長いだけの所要時間で東京（この場合は上野や大宮も同様）から山形まで行けるわけだ。

東京―山形間の営業キロは三五九・九キロで、東京―仙台間の営業キロである三五一・八キロとほぼ変わらない。にもかかわらず、新幹線を利用しても東京からの所要時間は山

郵便はがき

料金受取人払郵便

小石川局承認

1042

差出有効期間
令和4年3月
31日まで

1 1 2-8 7 3 1

〈受取人〉
東京都文京区
音羽二―一二―二一

㈱講談社
文芸第一出版部 行

ご購読ありがとうございます。今後の出版企画の参考にさせていただくため、アンケートにご協力いただければ幸いです。

お名前

ご住所

電話番号

このアンケートのお答えを、小社の広告などに用いさせていただく場合がありますが、よろしいでしょうか？　いずれかに○をおつけください。

【　YES　　NO　　匿名ならYES　】

＊ご記入いただいた個人情報は、上記の目的以外には使用いたしません。

TY 000072-2003

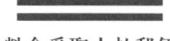

書名

Q1. この本が刊行されたことをなにで知りましたか。できるだけ具体的にお書きください。

Q2. どこで購入されましたか。

1. 書店(具体的に：　)

2. ネット書店(具体的に：　)

Q3. 購入された動機を教えてください。

1. 好きな著者だった　2. 気になるタイトルだった　3. 好きな装丁だった

4. 気になるテーマだった　5. 売れてそうだった・話題になっていた

6.SNSやwebで知って面白そうだった　7. その他(　)

Q4. 好きな作家、好きな作品を教えてください。

Q5. 好きなテレビ、ラジオ番組、サイトを教えてください。

■この本のご感想、著者へのメッセージなどをご自由にお書きください。

ご職業　性別　年齢

男・女　10代・20代・30代・40代・50代・60代・70代・80代～

形の方が仙台より一時間以上余計にかかる。山形新幹線が福島から単線区間の残る在来線（ＪＲ奥羽本線）に乗り入れる関係上、速度がぐっと落ちるからだ。とりわけ福島―米沢間の板谷峠《いたやとうげ》は、昔から日本の鉄道でも有数の難所として知られてきた。スイッチバックの跡が随所に残るこの区間は、毎年冬になるとしばしば豪雪が襲い、新幹線の運行そのものを妨げる要因となる。

したがって、福島―山形間に関する限り、新幹線の所要時間は在来線の特急が走っていた頃とそれほど変わっていない。例えば一九九一（平成三）年三月号の時刻表を見ると、福島と秋田を結ぶ特急「つばさ」は福島―山形間を一時間二十分で結んでいた。一方、前述の山形新幹線「つばさ」の同区間の所要時間は一時間十三分である。とすれば、新幹線が開通してからのメリットは、もっぱら乗り換えの面倒がなくなったことに求められよう。

ところが皮肉にも、東北新幹線に直接乗り入れるようになったことが、かえって山形新幹線の運休本数を増やしている。首都圏でも、湘南新宿ラインや上野東京ラインのようなＪＲどうし、あるいは地下鉄を媒介とした私鉄どうしの相互乗り入れ区間が増えたことが、慢性的なダイヤの乱れをもたらしているのは否定できない。定時運行を最大の売りにしている新幹線では、こうした事態が起きることを極力回避しようとする。

東京と山形ないし新庄を結ぶ「つばさ」は、東京―福島間はほとんどが東京と仙台を結ぶ「やまびこ」に併結されている。つまり山形新幹線が少しでも乱れると、東北新幹線まで必然的に乱れるダイヤになっている。それを避けるために東北新幹線のダイヤの方を優先させ、「つばさ」だけを運休にするのである。

地元紙『山形新聞』は、運休のあまりの多さにたまりかねたのか、二〇一六（平成二十八）年十一月に「止まる山形新幹線」と題する緊急連載を掲げた。それによれば、山形新幹線の年間の運休や遅延は二百六十〜四百十本にのぼり、ＪＲ仙山線など同じ県内の在来線よりも多い。これなら新幹線とは別個に奥羽本線のダイヤを組んでいた一九九二年以前のほうが、まだしも特急の運行が確保されていたのではないかと思わずにはいられなくなる。

それだけではない。平成初期には、仙山線の所要時間が現在よりも短かった。仙台―山形間にはノンストップの特快「仙山」が走り、五十一分で結んでいた。加えて途中の北仙台、愛子《あやし》、作並《さくなみ》、山寺《やまでら》、北山形に停まる快速「仙山」もまたほぼ一時間おきに走り、この区間を一時間前後で結んでいたのだ。

だが現在はどうか。仙山線は特快がなくなったばかりか快速の本数も減り、停車駅が増えて二十分ほど余計にかかるようになった。その背景には、高速道路の開通に伴うバスの進出がある。いまでは仙台―山形間に高速バスが五分から二十分おきに走っている上、両駅間の所要時間は仙山線の快速より若干短く、運賃も二百十円安い。ＪＲ東日本は、仙台近郊区間に当たる仙台―愛子間のダイヤだけを充実させ、高速バスとの競争から降りたのである。

仙台と山形の間のように、隣接する政令指定都市と県庁所在地の間の交通手段を見ると、名古屋と津の間は近鉄特急とＪＲ東海の快速「みえ」が、福岡と佐賀の間はＪＲ九州の特急「かもめ」「みどり」と西鉄の高速バスが、それぞれしのぎを削っている。互いに競争し合うことが乗客にとってのサービスを高めているのは言うまでもない。しかしＪＲ東日本は、高速バスが台頭してくるや、あっさりと競争をあきらめ、並行する線のダイヤを改悪する傾向がある。

もし仙山線に特快が復活すれば、東京―山形間は山形新幹線を利用するよりも東北新幹線と仙山線を利用する方が運休が少なく、所要時間も早くなることは目に見えている。だがそうなると、山形市民にとっては一体何のために山形新幹線を開業させたのかという素朴な疑問が沸き上がるに違いない。それを恐れるからこそ、ＪＲ東日本はわざと仙山線のダイヤを不便にしているのではないかという意地の悪い見方もできなくはない。

ＪＲ只見線の復旧に思う

福島県の会津若松《あいづわかまつ》と新潟県の小出《こいで》を結ぶＪＲ只見《ただみ》線は、二〇一一（平成二十三）年七月の大雨で被災し、会津川口―只見間が不通のままになっている。

二〇一三年七月、不通区間を走る代行バスを経由して全区間に乗ったことは、「三十年ぶりの只見線」（『思索の源泉としての鉄道』、講談社現代新書、二〇一四年所収）で述べた。その「付記」で記したように、ＪＲ東日本はコスト面や利用客の減少から、復旧は難しいという姿勢を崩していなかった。不通区間は代行バスで十分であり、鉄道を通す必要はないと考えていたわけだ。

ところが沿線自治体は、あくまでも鉄道による復旧を求め続けた。この結果、ＪＲ東日本は県や沿線自治体が駅舎や線路を管理し、ＪＲが列車を走らせる「上下分離方式」を提案した。一六年十二月、県と沿線七市町村からなる「只見線復興推進会議検討会」はこの提案を受け入れ、上下分離方式による復旧を決めた。沿線自治体の一致結束したねばり強い交渉が、無理と思われていた鉄道の復旧を実現させたのである。

では一体何がＪＲ東日本の姿勢を軟化させたのか。その一因として考えられるのは、鉄道軌道整備法改正の動きだろう。これまでは災害復旧の助成対象が赤字の鉄道会社に限られていたのが、法改正が実現すればＪＲ東日本のような黒字企業も対象となる。そうすれば只見線の復旧にも国費を投入できるようになる。

しかし、それだけではないだろう。ここで注目すべきは、二〇一四年から一五年にかけて、中国や台湾でネットを通じて只見線が相次いで紹介され、中国や台湾、香港などからわざわざ只見線に乗りに来る外国人観光客が大幅に増えたことである。

まず一四年には、台湾のインターネットのブログで只見線の会津桧原《ひのはら》―会津西方《にしかた》間に架かる第一只見川橋梁が紹介された。この鉄橋は「トラス構造アーチ橋」と言い、弓のように反った曲線のアーチが鉄橋全体を支える美しい構造になっている。そればかりか、只見川が水鏡となり、橋梁全体が川面に映るのである。

ひとたび水面から川霧が立ちのぼれば、橋梁全体が霧に包み込まれる幻想的な風景が現れる。周囲の山々は初夏には一面の新緑、秋には紅葉となり、冬には銀世界に覆われる。季節や気候によって千変万化するこの橋梁に多くの台湾人が魅せられ、一六年からは最寄り駅から橋梁までバスが運行されるまでになった。

一五年二月には、ＪＲ東日本会長が会長を務める東北観光推進機構が中国版ツイッターで只見線を「世界で最もロマンティックな鉄道」として紹介したところ、中国人の間から絶賛の声が上がった。これがあっと言う間に拡散したこともまた、中国や香港から観光客を呼び寄せる誘因となったのだ。

コロナの感染が拡大する前に当たる二〇一九年の訪日外国人旅行者は、三千百八十八万二千人と過去最高を記録した。内訳は一位中国（九百五十九万四千人）、二位韓国（五百五十八万五千人）、三位台湾（四百八十九万六百人）、四位香港（二百二十九万九千七百人）で、この四つの国と地域で全体の七割以上を占めた。日本への海外からの観光客は、一九年までの五年間で千八百万人以上も増えた。政府は、二〇年に開催されるはずだった東京オリンピックまでに年間四千万人を目指すと発表した。

これに伴い、日本を訪れる外国人を対象とするインバウンド産業が注目された。「インバウンド産業は、観光ビジネスを中核としているが、単に観光や経済の概念では収まりきれない多岐にわたるダイナミックな概念である」（加藤史子「インバウンド開国」、船橋洋一編『ガラパゴス・クール』、東洋経済新報社、二〇一七年所収）。定番の観光地だけで日本を語る時代は終わったのであり、これまで気づかれなかった景観に潜む付加価値を、インバウンドは顕在化させつつあった。

ＪＲ只見線の場合、インバウンド産業が本格的に唱えられる前から台湾人が価値を見いだし、ネットで画像を流したことで火がついた。東北観光推進機構もその流れに乗ったように見えなくもない。もちろん二〇年にはコロナの感染拡大に伴い、訪日外国人旅行者数は四百十二万人に激減したが、只見線の復旧が決まった背景には、一九年までのインバウンド産業の興隆がプラスに作用した面もあるわけである。

全通した暁には、沿線の風景を見せるための観光列車を走らせることを提案したい。それだけでなく、只見—大白川《おおしらかわ》間の田子倉湖《たごくら》（田子倉ダム）畔にあった田子倉駅を夏のシーズンに限って復活させ、列車に接続させる形で観光船を運行させるなどの新たな創意工夫を凝らすことも必要ではなかろうか。

北海道では、ＪＲ石勝《せきしょう》線の新夕張《しんゆうばり》—夕張間や日高《ひだか》本線の鵡川《むかわ》—様似《さまに》間が廃止され、根室《むろ》本線の東鹿越《ひがししかごえ》—新得《しんとく》間も不通の状態が長く続いている。これらの区間には、只見線を上回るほどの絶景区間がいくつもあった。国際線が乗り入れる新千歳《しんちとせ》空港からも決して遠くはなかった。にもかかわらず貴重なインバウンド資源として生かされるどころか、そうした視点すらないまま、不採算イコール廃線という「常識」がまかり通っていることが残念でならない。

列車はなにを運ぶのか？

北勢のナローゲージ

日本の鉄道の線路幅（ゲージ）は、馬車鉄道に由来する一三七二ミリの京王線や同線に乗り入れる都営新宿線などを除けば、狭軌の一〇六七ミリか国際標準軌の一四三五ミリである。前者は新幹線を除くＪＲや東急、東武、名鉄、南海などの私鉄の線路幅に、後者は新幹線や京急、京成、阪急、阪神などの私鉄の線路幅に、それぞれ相当する。

だが正確に言えば、狭軌よりもさらに狭い七六二ミリの線路幅、いわゆるナローゲージの線が三重県内に存在する。西桑名─阿下喜《あげき》間を結ぶ三岐《さんぎ》鉄道北勢線、近鉄四日市─内部《うつべ》間を結ぶ近鉄内部線を二〇一五（平成二十七）年四月に引き継いだ四日市あすなろう鉄道内部線、同じく日永《ひなが》─西日野間を結ぶ近鉄八王子線を引き継いだ同鉄道八王子線である。日永は内部線の途中駅であり、八王子線はすべて近鉄四日市を改称したあすなろう四日市を起点とするから、内部線と八王子線は事実上一つの線と見なし得る。

ナローゲージというのは、軽便《けいべん》鉄道の名残である。かつて全国には、軽便鉄道が至るところに走っていた。けれども一九六〇年代以降、モータリゼーションの波が押し寄せるとともに、急速に廃止に追い込まれ、バスへと転換されていった。三重県の北勢地域にナローゲージがまだ残っているのは、奇跡的と言ってよい。

私事で恐縮だが、私の母の実家は戦後しばらく阿下喜に近い員弁《いなべ》郡十社《とやしろ》村（後の北勢《ほくせい》町《ちょう》。現・いなべ市）下平《しもひら》にあった。母は高校時代、北勢線で通学していた。私が中学二年だった一九七六（昭和五十一）年に一度だけ阿下喜に行き、北勢線に乗ったことがあったが、それ以来ずっと乗っていない。近鉄内部線や八王子線には乗ったことがない。北勢線にほぼ並行する三岐鉄道三岐線も合わせて、まとめて日帰りで乗りに行こうと考えた。

二〇一四年七月六日の10時28分。私は曇り空の桑名駅に降り立った。北勢線の西桑名駅は二〇〇メートルほど離れている。場末のような駅を想像していたが、長島温泉ゆきのバス乗り場に隣接しているせいか、駅前は古色蒼然とした桑名駅よりも活気がある。しかしホームは狭く、線路だけを見ているとどこかの遊園地の乗り物のようだ。

間もなく、阿下喜ゆきの電車が入ってきた。マッチ箱のような車両を四両連結している。すべて2《ツー》ドアのロングシート車で、通路が狭い。座席がふさがれば、大人一人がやっと通れるほどしかない。

11時5分に発車する。一車両に平均して十人ほどしか乗っていない。運転席にかぶりついている男性はマニアに違いない。車体を左右に揺らしながら勾配を上り、近鉄とＪＲの三本の線路を堂々と跨いで西へと向かう。ゆっくりと走ってくれるおかげで景色がよく見える。それもそのはず、この電車は西桑名から阿下喜までの二〇・四キロを、まる一時間かけて走るのだ。

員弁《いなべ》郡東員町《とういんちょう》の中心駅、東員で多くの客が降りた。まだ乗っていた数名の高校生も、いなべ総合学園高校の最寄り駅である楚原《そはら》で降りた。この高校の前身は員弁高校で、母の出身校でもある。

楚原—阿下喜間は、母が高校時代に通っていた区間に当たる。西桑名から切れ目なく続いていた人家が途切れ、電車は員弁川に沿うようにして、原生林と田圃の中を進んでゆく。このあたりは二〇〇〇年代になっていくつかの駅を廃止したり統合したりしたため、母が通っていたころと比べて駅の数が減っている。

阿下喜で下車したのは五人だけだった。すぐにタクシーに乗り、西藤原《にしふじわら》駅へと告げる。あいにく曇っていて鈴鹿山脈の名峰、藤原岳《ふじわらだけ》は霞んでいるが、西藤原は登山口に当たる。ここから三岐鉄道三岐線に乗り、近鉄富田《とみだ》に向かう。途中の東藤原には太平洋セメントの工場があり、隣のホームに貨物列車が停まっていた。

近鉄富田からは、近鉄名古屋線の普通電車に八分間だけ乗り、近鉄四日市で降りる。目指す内部線と八王子線のホームは、西桑名と同様、改札を出て少し歩いたところにあった。次の発車は内部ゆきで14時発である。

利用者数の減少に伴い、近鉄は二〇一二年に内部線と八王子線をＢＲＴ（バス高速輸送システム）に転換させる案を発表した。しかし四日市市は近鉄と協議を続けた結果、一三年九月に土地や施設、車両を自治体が保有し、鉄道事業者がこれらを無償で借り受けて運行する「上下分離方式」により、鉄道を存続させることになった。こうして一四年三月、第三セクター会社の四日市あすなろう鉄道株式会社が設立された。

三両編成の車両は北勢線同様のかわいらしいものであったが、北勢線よりも乗車率はよく、途中駅でも乗り降りが頻繁にあった。廃線の危機を乗り越えたことで、鉄道を利用しようという沿線住民の意識が徹底しているからかもしれない。休日のせいか、マニア以外に「乗り鉄」風の夫婦の姿も見られた。遠くに石油コンビナートの煙突が見えるのがいかにも四日市らしい。

内部からそのまま乗って折り返し、八王子線の西日野ゆきに乗り換えようとして、日永で降りた。駅の四日市寄りの手前で内部線と八王子線の線路が分岐するため、ホームは扇形のようになっている。扇の先端に当たる地点には、桜が植えられていた。日本でも指折りの小さな乗換駅だが、桜の咲くころにもう一度訪れてみたいと思った。

バイパス線の不思議

JR函館本線下りの時刻表を見ると、12時31分に函館を出る森ゆきの普通列車がある。その十四分後には、臨時の札幌ゆき特急「北斗91号」が函館を出る。森ゆきは函館から二八キロ離れた大沼公園に13時11分に着く。一方、「北斗91号」は途中五稜郭《ごりょうかく》と新函館北斗に停まり、大沼公園着は13時20分となっている。

函館を出るときに二つの列車を隔てていた十四分の時間差が、大沼公園でも依然として九分あることになる。普通と特急という違いを考えると、わずか五分（二〇一九年三月のダイヤ改正までは三分！）しか縮まっていないのは奇妙というほかない。

函館と大沼公園の間には、五稜郭、桔梗《ききょう》、大中山《おおなかやま》、七飯《ななえ》、新函館北斗、仁山《にやま》、大沼の七駅がある。時刻表をよく見ると、森ゆきの普通列車の新函館北斗と仁山の欄には＝の印が付いている。これは他の区間を経由していることを意味する。実は七飯と大沼の間には、急勾配を緩和するための下り専用のバイパス線が一九六六（昭和四十一）年にできていて、森ゆきはこちらを通っている。つまり普通列車でありながら、新函館北斗と仁山には停まらないため、特急がなかなか追いつけないわけだ。
二〇一六（平成二十八）年に北海道新幹線が開業するまでは、すべての函館本線下り特急がこのバイパス線を経由していた。ところが三月二十六日に北海道新幹線が開業し、渡島《おしま》大野駅が新函館北斗に改称され新幹線の終点となったことで、特急はすべて新函館北斗に停まるようになり、本線経由へと変わった。一方、普通列車はバイパス線経由が三本残ったために、こうした珍しい現象が生じることになった。
同じ函館本線の大沼—森間にも、本線の急勾配を避けるために後から建設されたバイパス線があるが、この区間はバイパス線のほうがはるかに迂回していて、駅の数も本線より多い。そのせいか特急は、臨時の上り二本を除くすべてが本線を経由している。
ＪＲ長崎本線の喜々津《ききつ》—浦上《うらかみ》間にも、本線の急勾配を避けるために後から建設されたバイパス線がある。こちらは函館本線の大沼—森間とは異なり、バイパス線のほうが長大トンネルを経由することで距離が短縮された上、駅の数も少なくなり、すべての特急はバイパス線を経由するようになった。これにより非電化の本線は「旧線」、バイパス線は「新線」と呼ばれるようになり、完全に立場が逆転してしまった。同様の区間としては、ＪＲ中央本線の岡谷—塩尻間や、ＪＲ予讃線・内子《うちこ》線（旧線は予讃線）の向井原《むかいばら》—伊予大洲《いよおおず》間を挙げることができるだろう。

函館本線の七飯—大沼間によく似た規模の本線とバイパス線は、ＪＲ東海道本線の大垣—関ケ原間にある。大垣と関ケ原の間には垂井《たるい》という駅があるが、やはり勾配がきついため、一九四四（昭和十九）年にバイパス線が建設され、その中間に新垂井という駅が設けられた。東海道本線の下りがバイパス線経由になったことに伴い、新垂井にはすべての下り普通列車が停まったものの、まもなく垂井経由の列車が復活し、その本数は増えていった。反対にバイパス線を経由する列車は少なくなり、一九八六年には新垂井駅も廃止されたのである。

しかし、バイパス線自体は残った。現在では、東海道本線下りの特急「しらさぎ」や「ワイドビューひだ」「サンライズ出雲・サンライズ瀬戸」などがこの線を経由している。本線よりも迂回するため、ディーゼル特急の場合、本線を経由する普通電車とさほど所要時間が変わらない。例えば、大垣を17時37分に出る普通電車は、垂井、関ケ原、柏原《かしわばら》、近江長岡、醒《さめ》ケ井《い》と停まり、米原に18時11分に着く。一方、大垣を17時54分に出る特急「ワイドビューひだ36号」は、米原に18時22分に着く。特急は大垣から米原までノンストップにもかかわらず、米原で六分しか時間差を詰められていないのだ。

実は首都圏にも小規模のバイパス線がある。これを発見したのは一九七五年、中学一年のときであった。立川から青梅線の青梅ゆきに乗った。通常ならば青梅線のホームから発車するはずのところ、東京からの直通だったため、中央線の下りホームから乗った。すると青梅線の線路には入らず、中央線の線路を外れた単線に入ったかと思うと、中央線をオーバークロスし、住宅地の裏手のようなところを通って西立川の手前で青梅線に合流した。本線よりも線路状態が悪いのか、けたたましい音を立てながら走ったことをよく覚えている。

この線路は、かつての南武鉄道（現・JR南武線）や五日市《いつかいち》鉄道（現・JR五日市線）の線路を転用している。立川―西立川間はほとんど平坦であるにもかかわらずいまなお迂回ルートが活用されているのは、主に二つの理由がある。一つは、中央線下りから青梅線下りに乗り入れるには本数の多い中央線上りの線路と平面交差しなければならず、それを避けたこと。もう一つは、中央線の線路をはさむ形で南武線から青梅線に乗り入れる貨物列車や臨時列車があることである。

戦前には南武線や五日市線だけでなく青梅線や鶴見線も私鉄であり、合併する計画があった。どの私鉄も戦時中に買収されたが、立川―西立川間に残るバイパス線に、幻に終わった一大私鉄の片鱗がうかがえる。

一松信さんと鉄道

いまはなき講談社のＰＲ誌『本』の二〇〇三年八月号に掲載された拙稿「最近の鉄道雑誌を読む」（『鉄道ひとつばなし2』、講談社現代新書、二〇〇七年所収）では、鉄道雑誌でたまたま目にしたマニア用語を駆使した文章を初級、中級、上級の三種類に分けて引用し、一般人にもわかるよう訳文をつけてみた。この試みに対して、わざわざ葉書で上級の訳文の間違いを指摘するとともに、こんなものは上級ではない、もっと難しい文章を載せるよう要求してきた数学者がいた。

数学者で京都大学名誉教授の一松信《ひとつまつしん》さんだった。

それ以来、私は一松さんに一度お目にかかりたいと思っていた。宮脇俊三と同じ一九二六（大正十五）年生まれの一松さんの人生は、そのまま鉄道の黄金時代である昭和と重なっている。おそらく一松さんほどのマニアはアカデミズムの世界でもそうはいまい。本人にしかうかがうことができない話があるのではないかと推測したのだ。

二〇一六年（平成二十八）年八月二十二日、ついに念願がかなった。私は講談社の川治豊成さん、米沢勇基さんと、京都のホテルで一松さんに初めて会った。杖をつかれ、耳も遠くなられていたが、一松さんの記憶は九十歳とは思えぬほどしっかりしており、結局二時間近くも話し込んでしまった。葉書から想像されたマニア特有の偏屈なところはみじんもなく、こちらの一方的な質問に丁寧に答えてくださった。

一松さんの郷里は大分県の中津だったが、父の代から東京に出てきたため、実際に生まれ育ったのは東京市芝区（現・港区）の田町駅前だという。この環境が鉄道マニアになる後の人生を決定づけた。実家の近くには市電（四三年より都電）の三田《みた》停留場もあり、よく利用した。

一九三九（昭和十四）年一月十五日、東京高速鉄道（現・東京メトロ銀座線）の虎ノ門―新橋間が開通し、同鉄道の渋谷―新橋間が全通した。この日は新橋から渋谷まで乗りに行った。渋谷駅が地下でなく、東横百貨店（のちの東急百貨店東横店、二〇二〇年三月閉店）の三階にあることに驚いたという。この回想は、同じ芝区で育った三一年生まれの私の父とも符合する（後記「父と鉄道」の項を参照）。しかしこの日は、横綱の双葉山が前頭の安芸ノ海に敗れて連勝が六十九で途切れたため、そちらが大ニュースとなり、地下鉄開通のニュースはかすんでしまった。

戦況が日々悪化していた一九四四年、一松さんは東京帝国大学理学部数学科に入学した。「本当は天文学者になりたかった。ただ、体が弱くてね。大病で死にかかったこともありました。徹夜の観測なんか無理だというので、結局数学になったわけです」。ちなみに翌年には、宮脇俊三も同じ東京帝国大学理学部の地質学科に入学している。ただし父親が政治家だった関係で、幼少期から全国を鉄道で旅行することができた宮脇俊三とは異なり、当時の一松さんが鉄道に遠くまで乗ったと記憶するのは、せいぜい小学校の遠足で行った高尾や鎌倉か、親戚のいる横須賀までであった。

一九四五年三月十日未明の東京大空襲では、幸いに実家付近に大きな被害はなかった。その直後、一松さんは数学者で東京帝国大学助教授だった小平邦彦《こだいらくにひこ》の紹介で陸軍参謀本部に動員され、暗号研究に従事すべく新宿から中央本線に乗り、長野県の諏訪に行くことになった。

当時の中央本線の列車がいかに劣悪な状況にあったかは、同年三月二十四日に新宿から松本まで乗った評論家の清沢洌《きよさわきよし》が日記に詳しく描いている。

新宿の駅に汽車発車時間二時間半前に行くと、すでにプラットフォームには人間が一杯で身動きができぬ。皆な汽車の窓から入り込む。（中略）手を洗う小さなスペースに六人と荷物が一杯置かれて居り、足が宙に浮いて動けず。午后八時から午前六時半まで、立ち通しで、その上全く一睡もせず。便所に人間が一杯這入る。予、反対するも聞かず。そのため婦人の如きは、便通を催おして腹が痛いというもの。また子供は大便を席でやるという状態だ。喧嘩口論は起る。かかる惨めな交通機関は最初である。

（『暗黒日記』3、ちくま学芸文庫、二〇〇二年）

東京に居続けると確実に空襲にやられる。そうかといって空襲を避けるため地方に行こうとすればこのありさまである。それでも一松さんは、諏訪に移ったことで空襲らしい空襲を受けずに済んだと回想する。

一松さんによると、当時は多くの数学者が暗号研究に動員されていた。だが暗号に関わったのは、決して数学者だけではなかった。陸軍二等兵（後に一等兵）の丸山眞男《まるやままさお》もまた、広島の陸軍船舶輸送司令官隷下の船舶通信連隊で暗号教育を受け、参謀部情報班に転属されたからだ。

一松さんが担当したのは、暗号の作成ではなく、解読であった。『暗号の数理』改訂新版（講談社ブルーバックス、二〇〇五年）には、このときの失敗談が記されている。それにしても、なぜ諏訪だったのか。「諏訪は本土で戦争になっても、一番残るだろうというところだった」。先に引用した中央本線の異様な混雑も、人々が本土決戦という最悪の事態を予想していたとすれば合点がいく。

ここで気になったのは、松代《まつしろ》大本営との関係だった。当時は本土決戦を想定し、皇居、大本営、政府機関を、諏訪と同じ長野県の松代に移すための工事が進められていた。一松さんが諏訪で暗号解読をさせられたのも、松代大本営に近いという地理的条件が関係しているように見えたのだ。しかし一松さんは、松代大本営についていは知っていたとしながら、直接の関係についてはわからないとし、「その話はもう勘弁してください」と言われた。

八月十五日の玉音放送は、諏訪で聴いた。「敗戦は、放送を聴く前からわかっていた。報告書を出したとき、よくやったが遅すぎたと言われ、見当がついていた」。ちなみに情報班にいた丸山眞男もまた、ポツダム宣言を受諾したことはあらかじめわかっていたという。

敗戦がわかると、一松さんは家族が疎開していた郷里の大分県中津に行くことにした。初めての長旅であった。まず名古屋まで、中央本線の普通列車で行った。そして名古屋で東海道本線に乗り換えた。

兵庫県北部の但馬《たじま》に帰省するため、九月二日に豊橋から東海道本線に乗った山田風太郎《やまだふうたろう》は、日記にこう記している。

汽車の中は惨澹たるものだった。弱々しい電燈が一輛に三つほどしかともっていない。その赤茶けた光の中にボンヤリと浮かび上っている網棚——いや、網棚などいうものはない。その棒は折れて、消えてしまって、網糸のみが壁にところどころ頭蓋骨にへばりついた女の髪の毛みたいに垂れ下がっているばかりである。ガラス窓はいたるところ破れ、自分は吹きこむ雨に閉口した。すぐ前の座席は覆いの青い布がそっくり消えて、虱《しらみ》のいっぱいいそうな裸の藁が露出している。自分の席は小学校のように木片を打ちつけたベンチになっている。いや、全然腰掛けなど歯のぬけたように無くなって、車の中で奇妙な空洞を作っているところさえある。戦争中の殺人的混雑と機銃掃射の結果であろう。

（『戦中派不戦日記』、講談社文庫、一九八五年）

ほぼ同じ時期に東海道本線に乗った一松さんの見た光景がしのばれる。山陽本線は夜行で、「宮島口ぐらいまで真っ暗だった」というから、一松さんが乗ったのは京都19時発の門司ゆき普通列車だった可能性が高い。

この列車の一本前に当たる急行列車に、九月十三日に東京から岩国まで乗ったのが作家の宮本百合子《みやもとゆりこ》である。

止るどの駅も破壊されている。東海道全線そして山陽線も。広島、岩国ひどい。岩国の駅はなくて板で踏場をこしらえてある。（ロシアの田舎駅のように）そこへ人糞がところどころ落ちている。窓から旅客が夜にまぎれてして行くものらしい。（中略）広島実にひどい（雨）地下道丈《だけ》のこって、片腕のない少年駅員が冷笑的な意地わるさで戸惑っている旅客につんけんものを云っている。

（「日記」、『宮本百合子全集』第29巻、新日本出版社、二〇〇三年所収）

往路は真夜中でよく見えなかったが、同年十一月に中津から上京したときには山陽本線を昼間に通ったため、こうした戦争の傷跡がよく見えたと一松さんは回想する。一面の焼け野原のなかで奇跡的に残った姫路城や、明石海峡を隔てた淡路島の記憶がいまなお鮮やかだという。

次に遠出をしたのは一九四八年十月、京都で日本数学会秋季総合分科会が開かれたときであった。このときは三等ながら、往復ともに急行を使っている。往路は東京7時35分発の急行鹿児島ゆきに乗った。夕方の関ケ原あたりの風景を覚えているという。復路は夜行で、往路とは異なり学会のメンバーと同乗したが、ここで二十五歳年長の岡潔《おかきよし》にこっぴどく叱られた「伝説」が残っている。

「そのとき、岡先生って知らなかったんですね。なぜ怒られたのかわからなくて。あとであの有名な岡潔だと知り、頭を下げに行きました」

このころはまだどの列車も満員だったが、しだいに混乱もおさまっていった。一松さんは、地方で学会があるたびに時刻表を駆使して計画を立てた。北陸トンネルが完成する以前の北陸本線の杉津《すいづ》付近から見た日本海や、新狩勝《しんかりかち》トンネルが完成する以前の根室本線落合—新得間の「狩勝越え」などは、もう二度と見ることができない分、とりわけ深く印象に残っておられるようだ。

しかし、一松さんは宮脇俊三とは異なり、全線完乗を目指すような筋金入りの「乗り鉄」ではない。あくまでも学会や研究会のような目的に付随して乗るのであって、乗ることだけを目的とした旅行は性に合わない。

だから海岸沿いを走る線が好きだと言いながら、日本海の絶景で知られる五能《ごのう》線にも乗ったことがない。いまとなっては乗っておけばよかったと思う線も少なくないが、もうわざわざ乗りに行くほどの体力も気力も残っていないと話す。「いま、一番よく乗っているのは地元の阪急。京大数理解析研究所教授となった六九年から京都に移り住み、もう五十年近くになるが、すっかり関西に住み慣れました。逆に東京駅のほうが怖くなった。もう東京に帰りたいとは思いませんね。関東私鉄と関西私鉄ではどっちが好きかって？　いまならやっぱり関西かなあ」。久しぶりに趣味の話に興じたせいだろうか、表情がぐっと和らいだ。

松本清張と急行列車

松本清張の小説には、しばしば小説が書かれた当時の急行が出てくる。もちろん一九五八（昭和三十三）年刊行の『点と線』（光文社）のように、デビューして間もない特急「あさかぜ」が出てくる場合もあるが、それはどちらかといえば例外に属する。戦後のある時期まで、優等列車の主役は特急ではなく、急行だったからだ。

いま述べた『点と線』でも、冒頭近くの「あさかぜ」が停まる東京駅のシーンばかりが注目されるが、事件を追う警視庁の三原紀一警部補が博多から東京に戻るさいに乗ったのは、急行「雲仙」であった。この急行は、博多を18時2分に出て東京に翌日の15時40分に着く。全部で十四両で、二等寝台車、三等寝台車のほか、特別二等車、二等車、食堂車などを併結していた。特別二等車はリクライニングシートの車両を意味するが、三原が乗ったのは直角椅子のボックス席が並ぶ二等車だったと思われる。

その証拠に、東京に戻った三原は、警視庁で主任の笠井警部から「どうだね、九州の旅の疲れは、もうなおったかね?」と問われたのに対して、「はあ。二晩寝たから、もう大丈夫です」と答えている。博多から東京まで急行の二等車に乗り続けると、三原のような三十過ぎのがっしりした体格の男ですら、二晩寝ないと体調が回復しないほどの疲れに襲われたのだ。

当時は東京から九州も遠かったが、北海道はもっと遠かった。『点と線』には、三原が上野から札幌まで鉄道と連絡船を乗り継いで行く場面がある。まず上野を19時15分発の急行「十和田」に乗り、青森に翌朝の9時9分に着く。「十和田」は十三両編成で、二等寝台車、特別二等車、二等車、食堂車などからなっていたが、三原が乗ったのはやはり二等車だったろう。なぜなら「前に腰かけた二人が、東北弁でうるさく話しあっていたので、それが耳について神経が休まらなかった」からだ。ちなみに犯人安田辰郎が「十和田」に乗っているかのように偽装工作をした高級官僚は、二等寝台車に乗っていた。

青森から函館までは青函連絡船を利用している。三原が乗ったのは、青森9時50分発、函館14時20分着の17便であった。函館では、14時50分発の急行「まりも」に接続する。この急行は二等寝台車、三等寝台車、特別二等車、二等車、食堂車などからなり、函館本線を経由して札幌に20時34分に着く。上野から二十五時間十九分、つまりまる一日以上かかっているわけである。

三原は、「まりも」でも二等車に乗ったに違いない。「五時間半、はじめて見る北海道の風景であったが、三原はさすがにうんざりした。夜の札幌の駅に着いたときは、くたくたになっていた。安田はおそらく、上野から二等寝台か特二で悠々と来たのであろう。刑事の出張旅費の少なさは、そんな贅沢を望むべくもなかった。三原は尻が痛くなっていた」という記述が、それを裏付けている。三原は旅館にたどり着くと、「雨の音を聞きながら、疲労のはて、欲も得もなく眠りこけた」のである。

同様の記述は、一九六一年刊行の『砂の器』(光文社カッパ・ノベルス)にも見られる。事件を追う刑事の今西栄太郎が被害者の足跡をたどるために東京から乗ったのは、急行「出雲」であった。この急行は十四両編成で、二等寝台車、三等寝台車、特別二等車、二等車などからなり、東京を22時30分に出た。「彼は横にだれも居ないので、座席に横たわって腕を組んだ。肱《ひじ》かけをしばらく枕にしていたが、後頭部が痛くなった。体の向きを換えたが窮屈である。国鉄の二等車は、客を楽に眠らせないような仕掛けになっている」。ここではっきりと二等車と書かれている。

今西は米原《まいばら》を過ぎたあたりで目覚め、京都で駅弁を買った。「妙な格好で寝たせいか、頸筋《くびすじ》が痛い。今西は、自分の頸を摘《つ》まんだり、肩を叩いたりした」。「それからが長い旅だった」。17時11分着の松江で降りた。「昨夜は、寝苦しいところで十分な睡眠もできなかったし、今日は、それからずっと乗りつづけてきたので、体が痛かった」。今西は思わず旅館で按摩《あんま》さんを呼んだ。「刑事の出張旅費では按摩は贅沢だが、奮発した」。

しかも、清張は書いていないが、当時の国鉄はまだ非電化区間が多く、急行でも蒸気機関車が牽引する文字どおりの汽車の場合が少なくなかった。このためトンネルに入ると、たとえ窓を閉めていても、すき間から煤煙が車内に侵入するのを完全には防げなかった。急行の停まる駅のホームに洗面所があったのはこのためである。

清張の小説に出てくる急行列車は、夜行が多かった。三原紀一にせよ今西栄太郎にせよ、東京と地方の間を夜行で往復している。まだ飛行機は「高嶺の花」で、新幹線はおろか在来線の特急すら全国的には普及しておらず、急行や準急で旅行するのが一般的だったのだ。

遠い目的地にたどり着くまでには、さまざまな難行苦行が待ち構えていた。二等寝台車や特別二等車に乗って休んだり、車窓の風景を楽しんだりできたのは、ごく一部の富裕層に限られていた。そういう時代があったことを、清張の小説はまざまざと伝えている。

和歌山は遠くなりにけり

小学生最後の春休みだった一九七五（昭和五十）年三月末に、初めて天王寺《てんのうじ》から国鉄阪《はん》和《わ》線に乗った。乗った列車は、天王寺を10時30分に出る紀勢《きせい》本線回り名古屋ゆきの急行「紀州5号」。小学校の卒業記念に、三重県安芸《あげ》郡河芸町《かわげちょう》（現・津市）に住んでいた従姉と二人で津まで、わざわざ列車で紀伊半島を一周したのだ。

阪和線の列車は、紀勢本線に乗り入れる特急や急行も含めて、すべて天王寺を発着駅としていた。大阪環状線や関西本線のホームより高い阪和線のターミナルは、子供心にも立派に映った。「紀州5号」はディーゼルカーながら、阪和線内をノンストップで走り、和歌山に11時19分に着いた。和歌山までの所要時間は四十九分であった。

当時の阪和線には、特急券や急行券が必要な特急や急行のほか、普通乗車券だけで乗れる新快速や快速や区間快速が走っていた。天王寺―和歌山間の所要時間は、途中の鳳《おおとり》だけに停まる新快速が四十五分と急行より速く、途中の堺市、鳳、和泉府中《いずみふちゅう》、熊取《くまとり》、和泉砂川に停まる快速でも一時間を切った。新快速というのは関西の国鉄ならではの名称で、当時は東海道・山陽本線の京都―姫路間にも特急や急行より速い新快速が走っていた。

区間快速は途中堺市と鳳に停まり、鳳から先は各駅に停まった。「区間」という種別は国鉄では阪和線にしかなかったが、関西私鉄にはあった。天王寺の独立したターミナルといい、区間快速といい、阪和線は国鉄よりはむしろ関西私鉄に近い特徴があった。

それもそのはず、阪和線はもともと私鉄の阪和電気鉄道として、一九二九（昭和四）年七月にまず阪和天王寺（現・天王寺）―和泉府中間が開業し、三〇年六月に阪和東和歌山（現・和歌山）まで全通した。大阪の中心部と和歌山を結ぶ鉄道としては、すでに私鉄の南海鉄道（現・南海電気鉄道）があった。「南海は日本地方鉄道のピカ一、経歴から経営状態、マイル数からいつても貫禄十分な横綱、阪和はこれから土俵に上る力量の判らぬ新入」（『大阪朝日新聞』大阪版、一九二九年六月二十日）と見られていた。

関西では、先に開業した私鉄に対して後の私鉄が競争を挑む場合、必ず速さをセールスポイントにした。大阪―神戸間では阪神に対して阪急が、大阪―京都間では京阪に対して新京阪（現・阪急京都線）が、スピードを売り物にして客を奪った。同様に、大阪―和歌山間でも阪和は南海を上回る高速の電車を走らせる。阪和天王寺―阪和東和歌山間をノンストップで結ぶ超特急である。

一九三三年十二月のダイヤ改正でデビューした超特急の所要時間は四十五分で、平均時速は八〇キロを超えた。これほど速い列車は、当時の日本のどこにも走っていなかった。京都市や神戸市に比べて和歌山市の人口ははるかに少なかったが、「横綱」に「新入」が戦いを挑むにはインパクトのある列車が必要だったのだ。

阪和電気鉄道は四〇年にいったん南海に吸収合併されて南海山手線になり、四四年には国有化されて阪和線となった。七二年にデビューした新快速は、超特急の衣鉢を継ぐ列車だったが、七八年に廃止された。

同年に紀勢本線の和歌山―新宮《しんぐう》間の電化に伴い電車化された特急「くろしお」も、超特急の所要時間を縮めることはできなかった。「くろしお」が超特急のスピードを上回るようになるのは、JR西日本への移管後の九六年になってからだ。つまり阪和線では、戦前の記録が六十年以上も破られなかったことになる。

現在、阪和線の主力となっているのは、紀州路快速と関空快速である。この二つは併結されており、天王寺を起点とはするものの、それは阪和線ではなく大阪環状線の天王寺である。環状線を内回りに大阪まで各駅に停まり、大阪からは快速となってもう一度天王寺に戻ってくる。大阪市内から関西空港や和歌山に行く客のために、わざわざ環状線を一周し、頭端式のターミナルになっている阪和線の天王寺を避けているのである。

天王寺からは堺市、三国ケ丘《みくにおか》、鳳、和泉府中、東岸和田《ひがしきしわだ》、熊取、日根野《ひねの》に停まる。私が初めて阪和線に乗ったころの快速よりも停車駅が多い。日根野で切り離し作業を行い、先に関空快速が阪和線から分かれて関西空港へと向かう。そして紀州路快速は朝の下りを除いて各駅停車となり、和歌山へと向かうのだ。

このため天王寺―和歌山間の所要時間は、ほぼ七十分あまりを要している。早く行きたい客は特急券を買って「くろしお」に乗れということなのだろう。和歌山市の人口は八二年をピークに減り続けており、南海とのサービス競争を行う必然性自体がなくなったこともある。

昼間の天王寺駅に行ってみると、一段低い11番線から18番線までは乗り降りの客が多く、大阪環状線や関西本線、そして紀州路快速・関空快速や「くろしお」、京都と関西空港を結ぶ特急「はるか」が頻繁に往来するのに、一段高い1番線から9番線までの阪和線ホームは閑散としている。各停と区間快速しか発着しないからだ。阪和電気鉄道が築いた遺産が宝の持ち腐れになっている。

聴覚と鉄道

一九七八（昭和五十三）年七月、国鉄岩見沢駅で聞いた駅構内のアナウンスは圧巻だった。函館本線の上り急行「かむい」からこの駅に降り立つと、駅員がよく通る声でまず駅名を連呼し、次いで接続する函館本線上り普通、室蘭《むろらん》本線、幌内《ほろない》線、万字《まんじ》線の各列車の行先と発車番線と発車時刻を、立て板に水を流すがごとく案内した。

当時はいまほど駅のホームに電光掲示板が普及しておらず、職員が自らの声で案内することが多かった。とりわけ北海道の鉄道の要衝に当たる岩見沢では、おそらくすべての線の時刻表が頭に入っているに違いない駅員の職人芸にすっかり魅了されたのだ。

同様のことは、車内放送についてもいえる。現在では各車両のドアの上などに設置された電光掲示板に次の停車駅や乗り換えが表示され、車内放送も録音された画一的で平板なものになっているが、かつてはもっぱら車掌が肉声で案内していた。いや、それだけではない。場合によっては案内をするばかりか、車掌の語りそのものが一種の芸と化したことすらあった。

一九六二年八月、竹内好《たけうちよしみ》は伊豆急下田発東京ゆきの準急「伊豆」に乗り、車内放送に舌を巻いた。「この列車の車内放送はユーモアがあって、国鉄ではじめての経験だった。大船駅が鎌倉市と横浜市の両方にまたがっていること、東京の板橋駅は三区にまたがっていること、遺失物の集計などの豆知識を巧みな話術ではさむ。観光客の多い列車にはこういう器用な車掌を配当するものなのか、それとも偶然なのか」（『転形期―戦後日記抄』、創樹社、一九七四年）。

これは決して偶然ではなかった。なぜなら私自身も一九七三年八月、父とともに豊橋発飯田ゆきの急行「伊那」に乗ったとき、車内放送に強い印象を受けたことがあるからだ。長篠の合戦場や鳳来寺山《ほうらいじさん》のブッポウソウ、奥三河の花祭、佐久間ダムなど、飯田線沿線にゆかりの深い名所旧跡や自然や民俗にまつわる話が次々に出てくるばかりか、もとは私鉄だった飯田線の歴史やトンネルの数、そして最も長い大原トンネルがつくられた経緯に至るまで、全く乗客を飽きさせない話術に圧倒されたのである。

駅構内や車内での放送の記憶をたぐり寄せてゆくと、少なくとも七〇年代までの鉄道には、視覚よりも聴覚を通した案内の割合が高かったことがわかる。聴覚と鉄道は、密接なつながりがあったのである。もっともこれは、必ずしも鉄道に限った話ではなかった。

文化資源学者の渡辺裕《わたなべひろし》は、最新作『感性文化論〈終わり〉と〈はじまり〉の戦後昭和史』（春秋社、二〇一七年）のなかで、一九六四年の東京オリンピックの頃にはテレビの主流が白黒テレビで、ラジオが依然として普及しており、ほぼすべてのAM局が終日実況中継を行っていたことに注意を促している。そしてラジオとテレビの開会式の実況中継を比較し、美文調のレトリカルな表現をちりばめたラジオの中継ばかりか、それよりは抑制的に見えるテレビの中継にもラジオに通じる表現が残存していたことを説得的に論じている。テレビを通して映像が流れているにもかかわらず、当時の人々はまだアナウンサーの語りに耳を傾けることで場面を想像する「耳の文化」にどっぷりと浸かっていたというのである。

それが完全に崩れるのは、ラジオに代わってテレビがスタンダードになり、カラーテレビが本格的に普及してゆく七〇年代以降のことだったと思われる。「ラジオからテレビへの移行とともに、アナウンスだけでなく、ラジオの時代に様々な形で模索されていた、音のもつ表現の可能性が捨てられ、また忘れ去られることになった」（同）。聴覚に対する視覚の優位が確立された現在の感覚では、東京オリンピックの開会式での実況中継は、ラジオにせよテレビにせよ、無駄で冗長なレトリックに満ちた騒々しいものでしかないだろう。

同じことが、駅構内や車内の放送についてもいえないだろうか。七〇年代までの乗客は、駅員や車掌が職人芸のように繰り出す個性的な放送の数々にじっと耳を傾け、時になるほどと思ったり、旅の喜びを感じたりした。より広い時代の文脈から見れば、このことはラジオやレコードに代表される聴覚優位のパラダイムが、まだなくなっていなかったことと関係していた。

ところが、東京オリンピックと同じ年に東海道新幹線が開通し、全国各地に特急が走るなど高速化が進むとともに、電光掲示板などの視覚的なサービスが増えるにつれ、聴覚が果たす役割は縮小する。鉄道は目的地に移動するための手段にすぎなくなり、車掌による沿線の案内などはサービスとは見なされなくなるのだ。

果たして、これは望ましい変化といえるだろうか。大災害のような非常時に際して、ラジオから聞こえてくるアナウンサーの声が人々を励ましたように、非常時にこそ駅員や車掌の案内が重要になってくる。それは東日本大震災のとき、停止した車内で客に声をかけ、トンネルから外へと誘導した三陸鉄道と、駅構内から客を締め出したＪＲ東日本の違いを見ても明らかではなかろうか。

広がる「通勤格差」——二〇一八年二、三月のダイヤ改正に思う

首都圏在住のサラリーマンにとって、最も理想的な通勤は、行きも帰りも座席指定のリクライニングシートに座り、速くかつゆったりと移動できることだろう。反対に最悪の通勤が、すしづめの車内でスマホを見ることもできないまま、ひたすら混雑とノロノロ運転に耐えることであるのは言うまでもない。

二〇一八（平成三十）年二月から三月にかけて、京王《けいおう》、小田急、西武が相次いで大規模なダイヤ改正を行った。この結果、首都圏の「通勤格差」がますますはっきりしてきた。どの沿線に住むかによって、サラリーマンの日々の生活に大きな違いが見られるようになったのである。

最も理想に近いのは小田急であろう。三月十七日のダイヤ改正で、朝の上りに「モーニングウェイ」「メトロモーニングウェイ」という、ロマンスカーを転用した通勤特急が新たに登場した。前者は小田原、秦野《はだの》、本厚木《ほんあつぎ》、片瀬江ノ島《かたせえのしま》、藤沢、相模大野《さがみおおの》と新宿の間

を、後者は本厚木と東京メトロ千代田線の北千住の間を結ぶ。夕方以降の下りにすでに運転されている「ホームウェイ」「メトロホームウェイ」に加えて、上りでも通勤特急が頻繁に運転されるようになったわけだ。代々木上原《よよぎうえはら》―登戸《のぼりと》間の複々線の全面使用が始まり、ダイヤに余裕が生まれたことや、ロマンスカーを多く保有し、ロマンスカーの千代田線への乗り入れもすでに実現させていたことが、こうしたダイヤ改正を実現させた要因と言ってよい。

確かに、特急用の座席指定タイプの車両を朝夕の通勤特急に転用する例は、JRやほかの私鉄にも見られる。

例えばJR高崎線には、上野と高崎の間を結ぶ特急「スワローあかぎ」が、JR中央線や青梅線には、東京と八王子、青梅の間を結ぶ特急「はちおうじ」や特急「おうめ」がそれぞれ走っている。加えて二一年三月からは、JR東海道線や湘南新宿ラインの東京・新宿―小田原間に特急「湘南」が走り始めた。また東武伊勢崎線、野田線には、浅草と春日部《かすかべ》、大宮、野田市、運河《うんが》の間を結ぶ「スカイツリーライナー」や「アーバンパークライナー」が、京成本線には、京成上野と京成成田、成田空港の間を結ぶ「モーニングライナー」「イブニングライナー」がそれぞれ走っている。

しかしながら、これらは特急「湘南」を除いて、夕方以降の下りの方が朝の上りよりも本数がずっと多い。朝の上りにはまだ、定員の少ない通勤特急を多く走らせるほどのダイヤの余裕がないからだ。地下鉄を使っての都心への乗り入れもない。こうして見ると、小田急がいかに先進的なダイヤをいち早く組んだかがわかるというものだ。

京王は一八年二月二十二日にダイヤ改正を行い、新宿と京王八王子、橋本の間に初めて「京王ライナー」と呼ばれる通勤特急を登場させた。

西武も一八年三月十日にダイヤ改正を行い、西武新宿と拝島《はいじま》の間に「拝島ライナー」と呼ばれる通勤特急を登場させたほか、東京メトロ有楽町線の豊洲と所沢の間を結ぶ「S‐TRAIN」も増発させた。

けれども、「京王ライナー」も「拝島ライナー」も「S‐TRAIN」も、座席指定の特急用の車両を転用したわけではない。これらはすべて、すでに東武東上線で走っていた「TJライナー」などと同様、ふだんはロングシートとして使用している通勤用の車両を、中央の通路をはさみ、進行方向に二人掛けの座席が並ぶ配置に転換させた車両を使っている。したがって着席は保証されるとはいえ、座席のリクライニングはできず、前の座席との距離も近いなど、見劣りすることは否めない。しかも「京王ライナー」や「拝島ライナー」は夜の下りだけの設定で、「S‐TRAIN」も朝の上りは一本しかない。事実上、出勤ではなく帰宅のための電車になっているのである。

西武の場合、ほかに「ニューレッドアロー」や後身の「ラビュー」が通勤時間帯に池袋と飯能《はんのう》、西武秩父の間や西武新宿と本川越《ほんかわごえ》の間に走っているから、より快適な通勤を望む客はそちらを利用せよということかもしれない。だが小田急とは異なり、地下鉄を使って都心には乗り入れないし、朝の上りの本数は少ない。総じて下りは楽になったが、上りは依然として立ちっ放しを覚悟しなければならない状況が続いていると言えよう。

ところが、営業キロが三〇キロを超えるにもかかわらず、朝夕のラッシュ時には上りも下りもすしづめが当たり前の線がある。渋谷と中央林間の間を結び、渋谷で東京メトロ半蔵門線に乗り入れる東急田園都市線である。

そもそも東急には、特急用の座席指定の車両がない。土休日に限って東横線に走る座席指定の「S－TRAIN《トレイン》」も、相互乗り入れしている西武の車両を使っている。田園都市線にはそれすら走っていない。一八年十二月から大井町線の大井町と田園都市線の長津田《ながつだ》の間を走る急行に併結され、夕方のラッシュ時に限って二人掛けの座席が並ぶ車両となる「Q　SEAT《シート》」を除いて、ロングシートの通勤用の車両しかないわけだ。

私自身が沿線住民なので痛感するが、コロナ禍が広がるまで、田園都市線の混雑はひどかった。二〇一九年度の混雑率は渋谷―池尻大橋《いけじりおおはし》間で一八三パーセントと、東京メトロを除く大手私鉄では最も高かった。一八年三月のダイヤ改正で小田急の混雑率が大幅に下がったことを踏まえれば、田園都市線こそが「通勤偏差値」の最も低い線となったことは疑いない（なお二〇年度はコロナ禍の拡大に伴い一二六パーセントに下がったが、それでも大手私鉄では最も高かった）。

クルーズトレインに思う

二〇一三（平成二十五）年十月にデビューしたJR九州のクルーズトレイン「ななつ星in九州」に続いて、一七年春からはJR東日本が「TRAIN《トラン》 SUITE《スイート》四季島《しきしま》」を、JR西日本が「TWILIGHT《トワイライト》 EXPRESS《エクスプレス》瑞風《みずかぜ》」を走らせている。どちらもコンセプトは「ななつ星in九州」と同じで、車中泊を含む一泊から三泊までのコースに分かれ、上野や京都などを起点とし、主に自社内（ただし「四季島」はJR北海道を含む）の路線を周遊する。一人当たりの料金は、「四季島」一泊二日コースが最高七十五万円、三泊四日コースが最高百五十万円（いずれも一名一室利用）となっている。

それだけではない。JR東日本は、スイッチバックの駅として知られる篠ノ井線の姨捨《おばすて》に「四季島」を停車させ、乗客向けの夜景バーを設置している。またJR西日本は、「瑞風」の運行に合わせて、山陽本線の尾道《おのみち》、宮島口や山陰本線の東萩《ひがしはぎ》などの駅を改修し、「瑞風」の客だけが利用できる出入口を設けている。乗る列車に関わりなく、誰もが利用できる公共空間としての駅までもが、料金によって分別されているわけだ。庶民には到底手の届かぬ高額な料金を払える富裕層に特化したサービスであるのは言うまでもない。最近では、こうしたサービスが私鉄にまで波及している。前記「西武鉄道に物申す」の項で触れたように、一七年四月からは西武鉄道に「52席の至福」という電車が走り始めた。一万円ないし一万五千円を払って、車内で豪華な食事ができる観光電車のことだ。

ここで振り返るべきは、明治以降の鉄道の歩みである。一八七二（明治五）年の鉄道開業以来、客車は上等、中等、下等の三等級とされ、これが一八九七（明治三十）年に一等、二等、三等へと変わった。しかし運賃は一九一八（大正七）年まで、二等は三等の一・五倍、一等は三等の二・五倍におさえられていた。その後、特急の登場とともに、二等の運賃・特急料金は三等の二倍あまり、一等の運賃・特急料金は三等の四倍あまりまではね上がった時期もあったが、それでも前述のクルーズトレインほどの極端な料金にはならなかった。

一九六九（昭和四十四）年には等級そのものが廃止され、グリーン車と普通車のみとなった。運賃はグリーン車と普通車が同額になり、グリーン料金もかつての一等車や二等車に比べると、普通車との差額が低くおさえられた。戦後の民主化の流れに沿うようにして、鉄道も「平等化」が進んだのである。

一等、二等、三等の時代であっても、大多数の客は三等に乗っていた。駅はもちろん、車内もまた老若男女さまざまな階層の人々が出会う空間にほかならなかった。それが夏目漱石『三四郎』や宮沢賢治『銀河鉄道の夜』や芥川龍之介『蜜柑《みかん》』のような不朽の名作を生み出す源泉にもなった。

例えば『三四郎』は、主人公の小川三四郎が東京帝国大学に入学するため、故郷の熊本から三等車に乗って上京する場面から書き起こされている。三四郎はこの車内で、熊本では絶対に会うことのない客たちと遭遇する。ここには身分や地域などの制約がなくなり、あらゆる人々が同じ空間に一定の時間を過ごすようになった明治という時代の一断面が、鉄道の車内を舞台として鮮やかに描かれている。

そう考えると、クルーズトレインや豪華観光電車というのは、明治から昭和までの御召列車の御料車や江戸時代の駕籠のような乗り物へと、鉄道を逆行させているようにも見える。確かに天皇や皇后しか乗れない御料車や、大名や将軍しか乗れない駕籠とは異なり、クルーズトレインには一般の客が乗り合わせているものの、そこに乗っているのは高額な料金を払うことのできる富裕層に限られる。御料車や駕籠が通る沿線や沿道の人々が、その豪華さを見ただけで反射的に最敬礼したり土下座したりしたように、クルーズトレインのきらびやかな外観が、その列車に乗っている客たちの階層を暗示するような光景が、全国の鉄道の沿線で展開されているわけだ。

　ＪＲ西日本は、「瑞風」を走らせる一方、一八年四月一日には広島県の三次《みよし》と島根県の江津《ごうつ》を結ぶ三江線《さんこう》（一〇八・一キロ）を廃止した。営業キロが一〇〇キロを超える線がまるごと廃止されたのは、本州の鉄道では初めてだった。代わりに走り始めたバスは、鉄道よりも時間がかかるうえ、運賃も鉄道の倍以上になった。

　明治以降の鉄道の歩みは、いまや明らかに転換点にさしかかっている。富裕層には徹底したサービスを提供し、クルーズトレインが停まる幹線の駅は大規模に改修する一方、交通弱者しか乗らない不採算路線は容赦なく切り捨てることで、「勝ち組」と「負け組」の格差が広がりつつある。断言できるのは、今後の鉄道に『三四郎』のような文学は生まれようもないということだ。

『ゲンロン0 観光客の哲学』と鉄道

前記「JR只見線の復旧に思う」の項で、私は外国からの観光客（インバウンド）が飛躍的に増えている事実に注目した。彼ら彼女らの多くは、自動車ではなく公共交通機関を利用する。中でも鉄道は、時刻表を通して全国のダイヤが公開されている上、季節や天候によって左右される度合いが少なく、正確な運行が期待できるため、外国人にとっても信頼に足る乗り物として、コロナ禍まで最も多く利用されてきた。彼ら彼女らが必ず持っていたのが、JR各線に自由に乗れる「ジャパン・レール・パス」である。

批評家の東浩紀《あずまひろき》は、『ゲンロン0 観光客の哲学』（ゲンロン、二〇一七年）のなかで観光客に着目している。東の言う観光客とは、特定の共同体にのみ属する「村人」でもなければ、どの共同体にも属さない「旅人」でもなく、基本的に特定の共同体に属しつつ、ときおり別の共同体も訪れる人々のことである。

東が観光客に関心をもったきっかけは、原発事故が起こったウクライナのチョルノーブィリ（チェルノブイリ）を二〇一三（平成二十五）年四月に訪れたことにあった。それ以来彼は、デモには行かない代わりに、観光を組織している。いわゆるダークツーリズムである。東は二十一世紀を「観光の時代」と見立てたうえで、国境を無視してふわふわと移動し、たまたま出会ったものに惹かれ、たまたま出会った人々と交流をもつ観光客がつくりだす関係性のなかにこそ、二十一世紀の新しい政治哲学の可能性があることを強調している。

私自身、政治思想史の研究者として、『ゲンロン0』を大変興味深く読んだ。従来の政治思想研究のように、過去の有名思想家の言説をただ解釈するのではなく、それらの言説を総動員しながら二十一世紀の新しい政治哲学を構築しようという気宇壮大な試みに何よりも刺激を受けた。解釈の厳密性にこだわり、こうした試みを何ひとつしてこなかった政治思想学界の学者たちは、素直に「敗北」を認めるべきだと感じたほどである。

しかし、『ゲンロン0』の内容を深刻に受け止めるべきなのは、政治学者たちだけではあるまい。JR各社をはじめとする鉄道会社の社員たちこそ、この本で示されたような観光客がこれからますます増えてゆく現実と真剣に向き合う必要があるだろう。

東浩紀によれば、「観光客の哲学」の中核には哲学者のジャック・デリダに由来する「誤配」という概念がある。観光客は楽しみを求め、好奇心を満たすために出かけるが、しばしばそこで予想外のものに出くわす。全く予期せぬ人々とコミュニケーションする。こうした「誤配」を引き起こす存在としての観光客が増えることで、公的な空間が変容することを東は期待しているのだ。

その期待にこたえるための列車は、ＪＲ東日本やＪＲ西日本やＪＲ九州が走らせているようなクルーズトレインでは断じてあり得ない。なぜなら、こうした列車に乗れるのは一部の富裕層だけだからである。東に言わせれば、それは欧州で観光が大衆化する一九世紀以前の古い姿に観光を戻すことにほかなるまい。

しかも、出発から帰着まで定員制の同じ列車に乗り、列車に乗り合わせた少数の客としか出会うことがないクルーズトレインには、実際に現地を訪れることによる予期せぬ感動はあるかもしれないものの、「誤配」の可能性があらかじめ排除されている。

クルーズトレインが注目される一方で、ＪＲ北海道やＪＲ西日本は採算が合わないという理由でローカル線を廃止しようとしている。しかし「ＪＲ只見線の復旧に思う」でも記したように、昨今では外国人観光客の方が、日本のローカル線のすばらしさに気づき、わざわざ乗りに行くことが多くなっていた。

ローカル線の普通列車は誰でも乗れる。また京都や東京とは異なり、あるいは有名観光地を回るクルーズトレインとは異なり、外国人観光客にとっては沿線風景そのものが驚きの発見に満ちている。その上、車内でもどういう客と出くわすかは全くわからない。まさに「誤配」の可能性に満ちた乗り物なのである。

新しい政治哲学である「観光客の哲学」を実践するためには、それにふさわしい公共交通機関を充実させることが不可欠である。にもかかわらず残念ながら、この点に気づいている日本の鉄道会社は皆無に等しい。強いて言えば、クルーズトレインや新幹線のほかにローカル線の普通列車にも水戸岡鋭治《みとおかえいじ》がデザインする車両を次々に投入しているJR九州ぐらいだろう。

交通経済学者の宇都宮浄人《うつのみやきよひと》は、欧州と日本の道路と鉄道をたがいに比較している。欧州では過度な道路依存から脱却する一方、鉄道を収益事業でなく「社会インフラ」と位置づけ、赤字線に新規投資するのに対して、日本では相変わらず道路にばかり公的資金が配分され、鉄道は独立採算を原則としている。欧州が鉄道を重視しているのは、鉄道が地元住民の「最低限の移動」をかろうじて守るだけの存在ではなく、新たな客としての観光客を引き寄せる魅力をもっていることが、認識として共有されつつあるからだ（『朝日新聞』二〇一七年七月一日）。

つまり日本よりも欧州の方が、あたかも「観光客の哲学」をよく理解し、それを生かすかのような鉄道網の整備を、着々と進めているのである。

全生病院から長島愛生園へ

ユダヤ人精神医学者のV・E・フランクルは、貨物列車でウィーンからアウシュヴィッツに送られたときのことをこう書いている。

その列車たるや一貨車に八十人もの人間がその荷物（彼等の財産の最後の残り）と共にうずくまっているのであり、積み上げられたリュックサックや袋で窓の一番上の部分だけが残っており、そこから薄暗い暁の空を見上げることができた。

（『夜と霧──ドイツ強制収容所の体験記録』、霜山徳爾訳、みすず書房、一九八五年）

貨物列車は、ユダヤ人をひそかにアウシュヴィッツまで大量輸送するには格好の交通手段であった。目的地を明かす必要がなかったし、外から見る限り、人が乗っているようには見えなかったからである。

もちろん日本では、ユダヤ人の強制収容所はなかった。だが誰にも知られることなく、貨物列車に「客」を乗せてひそかに移動させることはあった。戦前に差別や偏見を受け、社会から隔離されていたハンセン病患者こそ、まさにそうした「客」に相当した。

日本で初めて設立されたハンセン病の隔離施設は、一九〇九（明治四十二）年九月に東京郊外の東村山村（現・東村山市）に開設された第一区連合府県立全生《ぜんせい》病院（現・国立療養所多磨全生園《たまぜんしょうえん》）である。この病院に医長として赴任したのが光田健輔《みつだけんすけ》であった。

全生病院では脱走者があとを絶たなかったことから、光田は離島に患者をまるごと隔離することを考えた。その結果、一九三〇（昭和五）年十一月に瀬戸内海に浮かぶ岡山県の長島に開設されたのが、国立癩《らい》療養所（現・国立療養所）長島愛生園《あいせいえん》であった。三一年三月、光田は長島愛生園に後から入ってくる患者たちの模範になり得る「優秀」な全生病院の患者を八十一人選抜したうえで、初代園長として愛生園に着任する。

三月二十五日午前五時過ぎ、八十一人の患者と医官、看護士、婦長らが東村山駅から二両の貨車に乗り込んだ。全生病院で飼っていた豚や鶏まで一緒に乗せたが、窓のブラインドは全部下ろしてあったから、外から見ても何が積み込まれているかはわからなかった。

二両の貨車は東村山発の貨物67列車に併結され、西武川越線（現・西武国分寺線）を経由して国分寺に着いた。国分寺では二時間ほど停車し、八時十分頃こんどは貨物４６４列車に併結され、中央線を経由して十時半頃に新宿に着いた。西武川越線と中央線の線路幅は同じで、線路もつながっていたため、同じ貨車がそのまま中央線に乗り入れることができたのだ。

新宿からは山手線を経由し、午後二時半頃に品川に着いた。品川では五時間近くも停車していた。その間に翌日の急行列車で向かう光田健輔がひそかに見送りにきた。品川を発車したのは午後七時であった。

品川を出て東海道本線に入ると、患者たちが窓のブラインドを上げることを許された。全生病院でずっと外に出られなかった彼らは、興奮のあまり一睡もせず、流れる景色を眺め続けたという。浜名湖の手前で夜が明け、名古屋では三人の患者が乗ってきた。

三月二十六日午後四時三十分、操車場のある吹田《すいた》に着いた貨物列車は、患者たちが乗った二両の貨車を切り離した。そして再び二時間停車する間に別の列車に併結されて大阪まで移動し、大阪からは西成《にしなり》線（現・JR大阪環状線および桜島線）を経由して午後七時四十五分に大阪港に近い終点の桜島に着いた。

東村山から桜島まで、実に四十時間近くもかかったことになる。この区間のダイヤは、光田健輔が鉄道省東京鉄道局の関係者と極秘で打ち合わせて作成された。

一行は桜島から栈橋まで百メートルほど歩き、大阪港からは船に乗った。明石海峡で三月二十七日の夜が明け、正午ごろになってようやく長島がその全容を現した。そこは全生病院とは全く環境が異なり、美しい瀬戸内海に浮かぶ自然の楽園に見えた。患者たちは初めて見る島に、総じていい印象を持ったようだった。

だが実際には、そこは光田健輔が絶対的な権力をもつ治外法権の地であった。逃走を企てたり、問題があるとされたりした患者は、光田の独断で監房に入れられた。ノンフィクション作家の髙山文彦《たかやまふみひこ》はこう述べている。

その考えの根本にあったのは、日本中の患者を離島に集めて一歩も外へ出さず、結婚も出産も許さずに一生を島で終わらせれば、最後のひとりの死滅とともにハンセン病も絶滅するというもので、これはアウシュビッツの思想とまったく同じものであった。

（『宿命の戦記――笹川陽平、ハンセン病制圧の記録』、小学館、二〇一七年）

アウシュヴィッツに送られたユダヤ人と長島に送られたハンセン病患者は、単に貨物列車に乗せられたという点で共通するだけではなかった。その根底に横たわる思想にまで、共通性があったのである。

トンネルの活用法

一九八八（昭和六十三）年三月から四月にかけて、津軽海峡を青函トンネルで通り抜けるＪＲ海峡線（現・北海道新幹線）と、瀬戸内海を瀬戸大橋で渡るＪＲ本四備讃《ほんしびさん》線（瀬戸大橋線）が相次いで開業した。

当時、私は日本経済新聞の記者で、ＪＲを担当していた。二つの線が開業したことで、北海道、本州、四国、九州がすべて鉄道でつながったことは大きな話題になった。日本列島をもじった「一本列島」というポスターが各駅に張られたこともよく覚えている。

しかし、どちらかに乗れと言われたら、躊躇せずに本四備讃線の方を選んだだろう。瀬戸内海を島伝いに四つの橋でつなぐ線からの眺めは、想像するだけでもワクワクさせられたからだ。その一方、海峡線の青函トンネルは世界一の長さを誇るとは言っても、トンネル自体は真っ暗闇で何も見えない。何も見えない時間が数十分も続くと思うだけで乗る気が失せてしまった。

トンネルを管轄するＪＲ北海道もこのことを懸念したのだろう。海峡をはさんだ青森側と函館側にそれぞれ竜飛《たっぴ》海底、吉岡《よしおか》海底という二つの駅を設け、整理券をもった客に限ってではあるが、駅に降りて見学することができるようにした。だが北海道新幹線の建設に伴い、どちらの駅も廃止されてしまった。

では、トンネルというのは乗客にとって退屈なだけの施設なのだろうか。否である。最近は夏になるたびに、全国各地で猛暑に見舞われることが多くなった。東日本も西日本も、連日三十五度を超える猛暑日が続き、避暑地として知られる軽井沢ですら、真夏日が続くことが珍しくなくなった。そうなると、あたかも冷房がガンガン効いた列車を走らせることだけが、鉄道会社にとって唯一の乗客に対するサービスのように見えてしまうのは否定できない。

これはいかにも短絡的な発想ではないか。冷房や暖房を入れなくても、年間を通して気温が一定に保たれ、夏には天然のクーラーが効いた場所があるからだ。それこそがトンネルにほかならない。

例えば、保津《ほづ》川に沿うようにして線路が敷かれたＪＲ山陰本線（嵯峨野《さがの》線）の嵯峨《さが》嵐山《あらしやま》―馬堀《うまほり》間の旧線を使ってトロッコ列車を走らせている嵯峨野観光鉄道は、二〇一八年七月から八月にかけて「トロッコ納涼列車」を毎日運転した。この列車の売りは、車内で聞こえる風鈴の音色もさることながら、明治時代につくられたレンガのトンネルを、窓ガラスのないトロッコの車両が何度も通り抜けることにあった。トンネルの温度は二十度前後に保たれているというから、連日の四十度近い京都盆地の猛暑に辟易《へきえき》していた観光客には、さぞかし喜ばれただろう。

京都と並ぶ猛暑で知られる北関東にも、トロッコ列車が走っている。群馬県の桐生《きりゅう》と栃木県の間藤《まとう》を結ぶ第三セクター、わたらせ渓谷鐵道は、「トロッコわっしー号」「トロッコわたらせ渓谷号」という二種類のトロッコ列車を運転している。この線の神戸《ごうど》—沢入《そうり》間には、全長五二四二メートルの草木《くさき》トンネルがある。トロッコ列車に乗ったことはないが、トンネルを吹き抜ける風が強く、非常に涼しいという。ただし毎日の運転ではない。嵯峨野観光鉄道のように、暑さを逆手にとり、夏休み中は毎日運転すれば知名度も上がったのではないか。

同じ群馬県には、JR上越線も走っている。上越線の下りは全長一万三五〇〇メートルの新清水トンネルで上越国境を抜け、新潟県に入る。トンネルのなかには湯檜曽《ゆびそ》、土合《どあい》という二つの駅がある。逆に上りは全長九七〇二メートルの清水トンネルで群馬県に入る。その前後には二つのループ線のトンネルもある。

ところが、東京から新潟に向かう客のほぼすべては上越新幹線を利用するため、上越線のダイヤはスカスカになっている。とりわけ、新清水トンネルないし清水トンネルを通る水上《みなかみ》—越後湯沢《えちごゆざわ》間を直通する列車は、上下線ともに一日五本しかない。

これは実にもったいない話である。昭和期の貴重な鉄道遺産が放置されているからだ。この区間の下りには湯檜曽と土合の地下駅にしばらく下車して涼風を浴びられる列車を、そして上りにはループ線のトンネルで一回転して下ってゆく先に見える湯檜曽駅をじっくりと眺められる列車を走らせれば、上下線で全く違った体験が味わえるし、歴史の勉強にもなるだろう。

夏の猛暑がこれからますます厳しくなればなるほど、全国の鉄道にあるトンネルは資産価値を増すに違いない。特に本数が少ない線では、トンネルの空気が清浄に保たれている。山奥の鍾乳洞までわざわざ出掛けなくても、似たような体験ができるのである。

気温が一定に保たれているから、トンネル内は冬でも温かい。長期にわたって雪で覆われる北海道や東北、新潟などのローカル線にも、長いトンネルはいくつもある。かつての竜飛海底駅や吉岡海底駅のように、途中に一時的に降りられるスペースをつくることは、トンネルの活用法として再び注目されなくてはなるまい。

再び高千穂あまてらす鉄道に乗る

二〇一二（平成二十四）年十二月十七日、私は講談社の川治豊成さんと一緒に高千穂《たかちほ》あまてらす鉄道に乗った。この鉄道は正式な鉄道ではないものの、台風の被害を受けて二〇〇八年に廃止された第三セクターの高千穂鉄道の線路を受け継ぐ形で、終点の高千穂と一駅手前の天岩戸《あまのいわと》の間に観光用のスーパーカートを走らせていた。

運転していた職員に天岩戸から先の延伸の可能性について訊いたところ、「いや、もう無理だね」という答えが返ってきた。この話は、「続・断たれた鉄路　旧高千穂鉄道はいま」（前掲『思索の源泉としての鉄道』所収）でも触れた。

だが結果的に、職員の答えは間違っていた。一三年七月から、スーパーカートが天岩戸―深角《ふかすみ》間にかかる高さ一〇五メートルの高千穂橋梁を渡り始めたからだ。社長の高山文彦さんからは、会うたびに、職員の言葉を鵜呑みにして活字にしたことをなじられた。そしてもう一度高千穂を訪れ、高千穂あまてらす鉄道に乗るよう勧められた。

二〇一八年になってようやくその機会が訪れた。髙山さんに招かれ、四月二十一日にホテル高千穂で開かれる「高千穂で考える日本と世界」文化講演会に、髙山さんと付き合いのある中江有里《なかえゆり》さん、笹川陽平さんとともに登壇し、皇后をテーマに講演することになったのだ。講演の前の時間を利用して、髙山さんや中江さんと一緒にスーパーカートに乗り、往復三十分の小さな旅を楽しむことができた。

通常は10時発が第一便の時刻だが、この日は土曜日で、9時20分発の臨時便が運転されていた。天気はよく晴れていて暑いぐらいだ。中江さんは高千穂に来るのも高千穂あまてらす鉄道に乗るのも初めてだという。

前回乗ったスーパーカートとは大きさが違っていた。一七年三月から運行が始まった「グランド・スーパーカート」と呼ばれる乗り物で、定員は三十名。運転台に当たる動力車が前後に二台ついている。

前回乗ったときには川治さんと私しか乗客がいなかったが、今回はマニアとおぼしき年配の男性や家族連れが同乗していた。定時に出発する。一度乗ったはずなのに景色は新鮮に見える。新緑の風景が、その印象を強めているせいだろう。途中、線路の両側の木々がアーチ状に曲がり、まるで緑のトンネルのようになっているところを抜けたり、空気がひんやりとした短いトンネルを抜けたりしながら、ゆっくりと進んでゆく。

天岩戸駅でいったん停止する。すぐ前方には、高千穂橋梁が見えている。前回に見た金網と有刺鉄線は撤去されている。運転士は橋梁に設置されている風力計をじっと見て、風がないことを確認してからスーパーカートを動かす。いよいよ橋梁を渡るときが来たのだ。地面が視界から消え、宙に浮いたような眺めが広がってゆく。

一番見晴らしのよい橋の中央部で、しばらく停止する。絶景をじっくりと見てもらおうというはからいからだ。はるか下を、日向灘《ひゅうがなだ》に注ぐ五ケ瀬《ごせ》川の支流の岩戸川が流れている。全山萌え出づるような若葉に、乗り慣れているはずの高山さんも「いい季節だなあ」と声を漏らしている。

カートの床の中心部はガラス張りになっていて、一〇五メートル下の谷が眺められるようになっている。風が吹けば別だろうが、思ったほど怖くはない。鉄道には興味がないという中江さんも、まるで遊園地のアトラクションのようだと喜んでいる。

再びカートが動きだし、橋を渡りきったかと思うと、すぐにまた停止する。目の前には、全長二九三八メートルの大平山《おおひらやま》トンネルが、ぽっかりと口を開けている。高千穂鉄道で最も長いトンネルであった。このトンネルを抜けたところに次の駅、深角がある。しかしカートはトンネルには入らず、高千穂に引き返す。

深角まで延ばす計画はないのか。改めて高山さんに訊いた。高山さんは「なかなか難しい問題がいくつもある。いまは三十分で往復できるけど、深角まで行くと距離が倍になるから一時間かかる。線路の維持も大変になる。三キロもあるトンネルをお客さんが面白がってくれるかどうかもわからない」と答えた。

今度は社長が言うことだから間違いないのだろう。だが私には、一二年十二月に深角駅を訪れたとき、待合室で目にした「先人たちの百年の偉業高千穂鉄道　深角駅を鉄道遺産として残そう」と書かれた紙や、構内に植えられたソメイヨシノの並木が脳裏に焼き付いていた。私は反論した。三キロのトンネルは、決して商売のマイナスにはならない。それどころか、日ごろ体験できない闇の深さを体験できる。トンネル内は鍾乳洞のように気温が一定していて、夏涼しく冬温かいのも魅力ではないか。

長いトンネルを抜けた先に、風景が激変する。春には、桜に彩られた秘境駅が近づいてくるはずだ。一年は無理でも、せめて春だけでも深角まで運転できないものか。そうなったら、間違いなくもう一度乗りに来るだろう。高千穂駅に戻り、色紙にサインを求められた私は、「深角までの延伸を期待しています」と書いた。

鉄道と私

父と鉄道

私が鉄道好きになったのは、ひとえに父から受けた影響による。『鉄道ひとつばなし』（講談社現代新書、二〇〇三年）の「あとがき」に、「私の鉄道趣味が、幼少期に父親によって徹底的に鍛えられたことは確かだ」と書いた通りである。だがこれまで、父がどういう経緯で鉄道好きになったのかをじっくりと聴いたことはなかった。

そこで小熊英二《おぐまえいじ》『生きて帰ってきた男』（岩波新書、二〇一五年）にならい、私もまた父に幼少期から青年期にかけての鉄道体験を語ってもらうことにした。なお父から見れば私の祖父は父、祖母は母に当たるが、ここではすべて私から見た続柄に呼称を統一する。

父は一九三一（昭和六）年五月八日、東京市神田区駿河台《するがだい》（現・千代田区神田駿河台）の浜田病院で生まれ、芝区南佐久間町（現・港区西新橋）で育った。祖父は呉服の外商をしていた。最寄りの駅は新橋だったが、市電（後の都電）の停留所まで含めれば田村町一丁目が最も近かった。

父が記憶する初めての鉄道体験は、省線《しょうせん》（現・JR）でも市電でもなく、地下鉄であった。東京地下鉄道（現・東京メトロ銀座線）の新橋―浅草間が全通したのは三四年六月だったのに対して、東京高速鉄道（同）の渋谷―新橋間が全通したのは三九年一月と遅かった。父は三五年頃から小学校に入学する三八年頃まで、祖母に連れられて東京地下鉄道に乗り、たびたび浅草に出掛けた。

地下鉄の車内で最も印象に残っているのは、吊り革だという。吊り手の形が円形ではなく三角形をしており、使わないときは斜めの位置に固定されているが、乗客がつかまるとバネが作動して自由に動くようになっていた。この仕組みにモダンさを感じたというのだ。こうした吊り革は、七〇年代まで営団地下鉄（現・東京メトロ）日比谷線や東西線にも残っていたが、私がつかまったときには相当の年月を経ていたせいかバネの動きが鈍く、むしろ時代遅れの遺物のような印象を抱いたものである。

浅草に着くと、東武の浅草雷門《かみなりもん》（現・浅草）駅が入った松屋百貨店の屋上遊園地に行った。松屋は初めて屋上遊園地をつくったデパートとして知られており、屋上を縦断するロープウェイ「航空艇」に乗った。また新橋にも、地下鉄の改札付近に「ガッチャン」と呼ばれる子供向けのパチンココーナーがあり、よく遊んだという。

小学二年生になる三九年頃からは、省線の山手線に乗るようになった。当時の運賃は、三キロまでが大人五銭、子供が二銭であった。ちなみに一九二六（大正十五）年生まれで渋谷区に育った宮脇俊三も、「老いたハチ公を眺め、〔渋谷駅の〕出札口で二銭の切符を買って山手線に乗るのが、小学一年生になったばかりの私の最大の楽しみであった」（『増補版　時刻表昭和史』、角川文庫、二〇〇一年）と述べている。電車は四分おきに運転されていたので、待たずに乗れた。山手線は鉄道好きを育てるようである。

ただ宮脇俊三の場合は、せいぜい二銭の切符で次の原宿か代々木まで行って戻るか、「入場券で新宿や品川までの間を行ったり来たり」するだけだったが、父の場合はより大掛かりであった。まず新橋で二銭の切符を買い、外回りの電車に乗って次の浜松町で降りる。そしてまた浜松町で二銭の切符を買うのだが、再び外回りに乗り、品川、渋谷、新宿、池袋、上野、東京を経由して、新橋で降りる。つまり二分で戻れるところを、わざわざ一時間あまりかけて山手線に乗ったわけだ。当時の山手線の先頭車両は、現在と違って運転台のスペースが狭く、運転台の反対側に当たる窓のすぐ前まで座席が設けられていた。この「展望席」に座って前方の景色を眺めるのが最高のぜいたくであった。

小学四年生になる四一年頃からは、市電にもよく乗るようになった。田村町一丁目の停留所から日比谷、大手町を通り、神田橋か小川町《おがわまち》で乗り換えて神保町《じんぼうちょう》か駿河台下の停留所で降りた。目当ては本屋街で、三省堂や東京堂、冨山房《ふざんぼう》などに参考書をあさりに行った。左手の車窓に二重橋を仰ぐことができた馬場先門《ばばさきもん》にさしかかると、必ず車掌の掛け声とともに宮城《きゆうじよう》遥拝《ようはい》をさせられた。

祖父の知人が住んでいた市ケ谷にもよく行った。市電で言うと虎ノ門から赤坂見附《あかさかみつけ》、四谷見附を経由する系統に乗った。この系統の市電の車体は通常よりも小さく、「マッチ箱」と呼ばれていたが、赤坂見附から外濠《そとぼり》に沿った区間は一般道路から離れて専用軌道に入り、急に都心らしからぬ風景へと変わった。途中に短いトンネルもあったりして、市電に乗っている感じがしなかった。

親戚が住んでいた日本橋蠣殻町《かきがらちよう》へは、日比谷から築地、茅場町を経由する系統に乗った。この系統は、最後の一区間に当たる茅場町《かやばちよう》—蠣殻町間で日本橋川を渡るのだが、鎧《よろい》橋《ばし》と呼ばれる道路と併用の立派な鉄橋がかかっていた。市電が鉄橋を渡るのは大変珍しかったので印象に残っている。ちなみに敗戦後には鎧橋を市電が通行することができなくなり、橋自体も新しく付け替えられた。

市電には時刻表がなかった。あったとしても待たずに乗れるので、見る習慣がなかった。特に混んでいたという記憶はない。軍服姿の男性は見かけず、女性は総じて洋服が多かった。途中で乗り換える場合でも、通しの切符を買えたのでいちいち買う必要はなかった。

祖父の実家が愛知県の一宮《いちのみや》にあったため、祖父とともに東京から尾張《おわり》一宮まで東海道本線に乗ったこともある。東海道本線には、戦争の長期化に伴いダイヤが改悪される四三年まで特急「富士」「櫻」「燕」などが走っていた。尾張一宮には特急が停まらなかったので、名古屋まで特急に乗り、普通列車に乗り換える必要があった。最も乗りたかったのは、もともと一等車と二等車だけで三等車がなかった下関ゆきの「富士」だったが、実際に乗ったのは下関ゆきの「櫻」か神戸ゆきの「燕」の三等車であった。

東京駅は、もっぱら赤レンガ駅舎が威容を誇る丸の内口を利用した。二九年に開設された八重洲《やえす》口は、完全に裏口という感じだった。丸の内口はいまと違って南口が乗車専用、北口が降車専用になっており、市電にも東京駅乗車口、東京駅降車口という二つの停留所があった。中央口は天皇のための出入口だったから、利用することはなかった。

一九三四（昭和九）年十二月に丹那《たんな》トンネルが開通して東海道本線のルートが御殿場経由から熱海経由に変わり、東京―沼津間が複線電化された。これに伴い、「櫻」も「燕」も沼津までは電気機関車が引っ張り、沼津で四分停車して蒸気機関車に付け替えるようになった。電気機関車はどちらもＥＦ53型だったが、車両の編成は「櫻」より「燕」の方が格調が高く、白（一等）・青（二等）・赤（三等）の帯が付いた客車を併結し、最後部にはバルコニーを持つ展望車を従えていた。食堂車もあったが利用したことはなく、駅に停まっている間に窓を開けて駅弁を買った。

忘れられないのは、静岡で停車中に買ってもらった「鯛めし」だという。醬油の味つけご飯に鯛のそぼろを載せた駅弁で、いまなお静岡駅で「元祖鯛めし」として売られている。東京を9時に出る「燕」の場合、静岡に11時45分に着き、48分に発つから、駅弁を買うには適していた。

下りの特急列車から見た風景で強く印象に残っているのは、まずは早川―真鶴《まなづる》間から見えた相模湾。根府川《ねぶがわ》と真鶴の間には、いまは亡きメガネトンネルもあり、トンネルの透き間からきらきらと光る海を眺めることができた。函南《かんなみ》から岩淵《いわぶち》（現・富士川）にかけて右手の車窓に広がる富士山は、とりわけ冬に見ごたえがあった。弁天島付近で何度も鉄橋を渡る浜名湖の風景も美しかった。

特急でなく、夜行の普通列車鳥羽ゆきに乗って尾張一宮まで行ったこともある。名古屋から関西本線、参宮《さんぐう》線を経由し、山田（現・伊勢市）を通るこの列車は、伊勢神宮への参拝客が多く利用していた。寝台車も併結していたが、乗ったのはボックス型の普通車だった。東京を22時35分に出発し、名古屋には翌朝の6時4分に着いた。名古屋での接続はよく、6時7分始発の普通大垣ゆきに乗り換え、尾張一宮には6時30分に着いた。

特急が廃止された四三年以降は、祖父の実家に行く場合、もっぱらこの鳥羽ゆきを利用した。非常時に伴う優等列車の削減とともに混雑が激しくなり、通路まで乗客が埋まるようになった。ボックス席を確保できず、通路に新聞紙を敷いて寝たこともあった。祖父の常連客が鎌倉に住んでいたので、祖父とともに新橋から横須賀線に乗り、鎌倉にも出掛けた。別の常連客の別荘が由比が浜にあり、夏休みに泊まりがけで海水浴に行ったこともある。横須賀線の新橋─鎌倉間の所要時間は五十一分で、いまよりも早かった。子供心にも山手線や中央線とは格が違うと感じたものである。

祖母の実家は東京横浜電鉄東横線（現・東急東横線）の新丸子《しんまるこ》駅に近い川崎市の上丸子天神町（現・川崎市中原区上丸子天神町）にあった。三九年に東京高速鉄道の渋谷─新橋間が全通すると、新橋から同鉄道に乗って渋谷に行き、渋谷からは東横線に乗るルートを経由するようになった。初めて乗ったとき、神宮前（現・表参道《おもてさんどう》）からいきなり地上に出て、東横百貨店（のちの東急百貨店東横店）の三階へと吸い込まれてゆく展開に驚いた記憶がある。線路に並行して第三の給電用レールを敷く第三軌条方式のため、電車ならば当然あるはずの架線がかかっていないのも奇妙だった。

東横線の多摩川園前（現・多摩川）─新丸子間で多摩川を渡るときには、貨物専用線だった品鶴《ひんかく》線（現・ＪＲ横須賀線）の鉄橋が見えた。当時、首都圏の省線は多くが電化されていたが、貨物専用線は非電化だった。このため、祖母の実家にいるときも、多摩川を渡る蒸気機関車の汽笛の音が聞こえてきたという。

父と同じ一九三一年生まれの英文学者、小池滋《こいけしげる》は、品川区の品鶴線沿線で育った。「私の家は安い木造だから、貨物列車そのものの音がまだ聞こえないうちから、窓ガラスのビリビリふるえる音で、列車が近づいていることが分かった。それから蒸気機関車のシュッシュッポッポの音がだんだんに大きくなる。機関車が通り過ぎると、次に貨車の車輪がほぼ等関係でダン、ダン、ダンといつまでも続く音をたてる」（『余はいかにして鉄道愛好者となりしか』、ウェッジ文庫、二〇〇七年）。同じ東京市内に生まれ育っても、父とは体験が随分と違うのがわかる。

小池滋の家から少し歩けば、東海道本線や横須賀線などが走る品川─大井町間の線路を眺めることができた。「ゆっくりした貨物列車ばかり見慣れていた目には、この本線の風景は驚きに近かった。裏の路地から都大路に出たような、大げさな言い方をすればカルチュア・ショックであった」（同）。こういう感覚は、東海道本線や横須賀線を見慣れてきた父にはなかっただろう。

一九四一（昭和十六）年十二月に太平洋戦争が始まり、四三年に東海道本線から特急が消えても、まだ本格的な空襲はなく、首都圏の電車はおおむね平常運転を続けていた。だが、四四年十一月からは東京でもB29による空襲が本格化する。四五年三月十日未明の東京大空襲では、芝区南佐久間町の実家は焼けなかったものの、父の近くに焼夷弾が落下し、不発だったために九死に一生を得ている。

驚くべきは、それでも電車が動いていたことである。作家の吉村昭《よしむらあきら》はこう述べている。

家が町とともに夜間空襲で焼けた日の夜明け、私は不思議なものを眼にした。避難していた谷中墓地から日暮里駅の上にかかっていた跨線橋を、町の方へ渡りはじめた時、下方に物音がして、私は足をとめ見下ろした。人気の全くない駅のホームに、思いがけなく山手線の電車が入っていて、ゆるやかに動きはじめていた。物音は、発車する電車の車輪の音であった。

(『東京の戦争』、筑摩書房、二〇〇一年)

父もまた同じ思いであった。四月十三日の空襲で家が焼けた吉村昭と同様、五月二十五日の空襲で南佐久間町の実家は焼失し、東京駅の丸の内駅舎も鉄骨造りの屋根が焼け落ちた。敗戦直後に再建され、二〇〇七年に復原工事が始まるまで存在した二階建ての駅舎を東京駅と認めたくなかったのは、焼失する前の三階建ての駅舎の記憶があまりにも鮮やかだったからだ。

実家が焼失したのに伴い、父は祖父や祖母らとともに祖母の実家があった川崎市の上丸子天神町に移ることになる。二歳年下の父の弟（つまり私の叔父）は鬼怒川《きぬがわ》温泉に学童疎開したのに対して、中学二年生の父は疎開しなかった。祖母の実家には曾祖母が住んでおり、とりあえず実家の一間を借りて急場をしのぐことになった。

川崎市では四月十五日に大規模な空襲があり、約三十三万人だった人口が約二十万人に減少した（『川崎市史　通史編』4上、川崎市、一九九七年）。上丸子天神町付近も被災したため決して安全とは言えなかったが、五月以降は東京や横浜とは異なり、比較的平穏な日々が続いていた。

祖母の実家は多摩川の築堤に近く、新丸子の駅から延びた単線の引き込み線が家のすぐ目の前を通っていた。これはもともと多摩川の砂利を採取するための線であったが、父が移住したときにはもう廃線同様になっていて、自由に渡ることができた。引き込み線は築堤のところで途切れていて、その先の河川敷には「多摩川スピードウェイ」と呼ばれる巨大なサーキット場があった。しかし当時は娯楽が規制されていたため、自動車レースは行われていなかった。

祖母の実家からは、多摩川鉄橋を渡ってから左にカーブし、引き込み線と合流して新丸子へと向かう東横線の複線の線路もよく見えた。当時の東横線電車の主力は三一年から日本車輛および川崎車輛で製造されたデハ３４５０形と、三九年から川崎車輛で製造されたデハ３５００形であった。もともと濃緑色に塗られていたこれらの車両は、戦後になると薄緑色などに塗り替えられ、３０００系と総称されて田園都市線（現・大井町線および田園都市線二子《ふたこ》玉川《たまがわ》以遠）や目蒲《めかま》線（現・目黒線および多摩川線）、池上線、こどもの国線で走っていたため、私も何度か乗ったことがある。

このほかに一九三六（昭和十一）年からは、キハ１形と呼ばれるガソリンカーが東横線を走るようになった。流線形の車体が目を引いたガソリンカーは急行として使われていたが、四一年から急行は運転されなくなった。ガソリンの価格も急騰したためしだいに他の私鉄に譲渡された。父は一度だけこのガソリンカーに乗ったことがあるという。

上丸子天神町に移ってきたとき、父は麻布《あざぶ》区宮村町《みやむらちょう》（現・港区六本木）にあった都立城南中学校（旧制。現・都立六本木高校）に通っていた。通学のルートは、新丸子から渋谷まで東横線に乗り、渋谷からは新橋ゆきの都電で材木町《ざいもくちょう》まで乗っていた。空襲で都電も被災したため車両が慢性的に不足していて、電車はいつも混んでいた。

城南中学校の近くには、男子校の麻布中学校のほか、二つの女学校があった。一つは府立第三高等女学校（現・都立駒場高校）、もう一つは東洋英和女学校（戦時中は敵国の名称を避けるため「東洋永和」と表記。現・東洋英和女学院）であり、ともに材木町の次の六本木で降りる女学生が多かった。だが第三高女は南佐久間町の父の実家が焼けたのと同じ五月の空襲で全校舎が焼失し、四六年に目黒区の駒場に移転した。一方、東洋英和はそのまま残ったため、都電でも同校に通う女学生をよく見かけた。セーラー服に金色のラインが入り、えび茶色のスカーフが付いた東洋英和の制服は、他の女学校と比べてもしゃれていて、まぶしく映ったという。

このほかに、東京女学館中等科や青山学院高等女学部、実践女学校（現・実践女子学園）の女学生が同じ都電に乗ってくることもあった。中学時代、青山学院に通っていた作家の大岡昇平は、市電（後の都電）の青山六丁目から六本木まで実践の女学生と乗り合わせたときの体験を赤裸々に語っている（『少年』、筑摩書房、一九七五年）。

祖母の実家の周辺は畑が広がっていたが、新丸子から近い南武線の沿線には工場が次々に進出していた。具体的には、三六年に日本電気、三八年に富士通信機製造（現・富士通）、三九年に東京無線器材製造などが、向河原《むかいがわら》から武蔵中原にかけての沿線に工場を設置した。このため東京横浜電鉄は、三九年十二月に新丸子─元住吉《もとすみよし》間に「工業都市」という駅を開業させた。

東横線の新丸子─元住吉間では南武線（四四年までは私鉄の南武鉄道）と立体交差していたにもかかわらず、そこには駅がなかった。正確に言えば、南武線の方だけに「グラウンド前」という横浜正金《よこはましょうきん》銀行（のちの東京銀行、現・三菱ＵＦＪ銀行）のグラウンドにちなんだ駅があり、この駅が四四年四月に武蔵小杉と改称された。

したがって、東横線から南武線に乗り換えるには、新丸子から武蔵小杉まで、四〇〇メートルあまりを歩く必要があった。前掲『生きて帰ってきた男』に登場する小熊謙二さんも、南武線の武蔵中原駅に近い富士通信機製造に勤めていたときには、新丸子から武蔵小杉まで歩いていたという（初版にこうした記述はないが、私が著者に直接確認したところ、そうだったことが判明した）。

父が上丸子天神町に転居した翌月に当たる四五年六月十六日、ようやく東横線にも武蔵小杉駅が開業し、南武線への乗り換えの不便さが解消された。けれども東横線のホームは木造で屋根もなかった上、営業していたのは通勤の工場労働者が集中する朝夕のラッシュ時だけで、利用できるのも定期客だけだった。一般旅客と手荷物の取り扱いが始まったのは、四七年一月からである（『東京急行電鉄50年史』、東京急行電鉄、一九七三年）。

父によると、このころの東横線は現在のようなあか抜けたイメージはなかった。ただ田園調布だけはやはり別格だった。城南中学で父と同じクラスになった友人の一人に、後にテニス選手となり、全米選手権男子ダブルスで優勝する宮城淳《みやぎあつし》がいた。田園調布に住んでいた宮城とは、よく一緒に東横線で帰った。そのときには、川向こうの新丸子に住んでいることに引け目を感じたという。

一九四五（昭和二十）年七月には、新丸子駅により近い川崎市上丸子六九六番地（現・中原区新丸子町）の借家に引っ越した。ちょうど夏休み中だったため、八月十五日の玉音放送は上丸子の家で聞いた。ラジオの雑音がひどく、はっきりとは聞き取れなかったが、戦争に負けたことはわかった。父は、「ソ連参戦と新型爆弾の報道で敗戦を覚悟していたが、これで毎晩寝入りばなに起こされていた夜間空襲がなくなると思うとほっとした」と話している。

戦争に負けても、新丸子から東横線と都電を乗り継ぎ、材木町で降りて城南中学に通う生活そのものは変わらなかった。ただ最前部ないし最後部の車両は、前面と側面に白い帯が塗られた「進駐軍専用車」となり、車内の一部をチェーンで仕切って米軍専用の座席が確保された。当時、鎌倉に住んでいた作家の高見順《たかみじゅん》は、四六年二月二十五日の日記で横須賀線の進駐軍専用車につき、「アメリカ兵が日本娘を抱いて、キャッキャッと騒ぎながら、通って行く。そして進駐軍専用のガラガラに空いた車に乗る。日本娘も一緒に乗る。車内では痴態の限りをつくしている」（『終戦日記』、文春文庫、一九九二年）と書いたが、同様の光景は東横線の車内でも見られたのではなかろうか。

四五年五月以降、自宅の最寄り駅が新橋から新丸子に変わったことで、父が東海道線の列車を目にする機会はめっきり減ったが、中学時代に一回だけ武蔵小杉から南武線経由で川崎に出て、川崎から新橋まで東海道本線、そして新橋から都電で材木町に行くという大回りの通学定期を買ったことがある。目的は、東海道本線の上り列車に乗ることにあった。運輸省（現・国土交通省）は四六年七月、増え続ける川崎駅の乗降客の便宜を図るべく、従来通過していた東海道本線の線路沿いに簡易ホームを設け、列車上下各一本を臨時停車させた（前掲『川崎市史　通史編』4下）。わざわざ川崎に停まる東海道本線の列車に乗りたいがために通学経路を変えたと聞いたときには、父の遺伝子が私にも受け継がれていたのだと思わずにはいられなかった。

だがその列車のダイヤは、当時の時刻表を見ても判然としない。どの時刻表を見ても、上りの東海道本線の駅名は横浜の次が品川になっているからだ。父の記憶では新橋に7時20分に着く列車に乗ったというから、熱海5時7分発（四七年六月からは4時56分発）の普通東京ゆきだったと思われる。電車ではなく、電気機関車が牽引する列車で、客車が足りず、貨車を客車の代わりに増結していた。父は貨車の方によく乗ったという。

この通学ルートのせいで、南武線にも毎日乗るようになった。南武線は四四年に国有化されても、複線区間の上下線の間隔が狭く、国鉄の電車を直ちに入れることができなかった（原田勝正『南武線いまむかし』、多摩川新聞社、一九九九年）。このため濃緑色に塗られ、扉が三つしかなく、車体の長さも十五メートルないし十七メートルしかない私鉄時代の車両が相変わらず二両編成で走っていた。

一九四八（昭和二十三）年四月に六・三・三制が完全実施されたのに伴い、城南中学校（旧制）は都立城南高校となり、父はそのまま高校二年生となった。しかし四九年二月に肋膜炎を発症して四九年度をまるまる休学し、五一年三月にようやく卒業すると、四月から北多摩郡府中町（現・府中市）にあった東京農工大学農学部獣医学科に通い始める。通学ルートは武蔵小杉から分倍河原《ぶばいがわら》まで南武線、分倍河原から府中まで京王線というもので、通学時間の多くは南武線に充てられた。朝鮮戦争が勃発したせいか、南武線では米軍が接収した立川基地に燃料を輸送する貨物列車をよく見かけたという。

五四年三月、新丸子の借家を明け渡し、父の一家は世田谷区池尻町《いけじり》（現・池尻）に引っ越した。自宅から最も近かったのは東急玉川線の玉電《たまでん》池尻という停留所で、起点である渋谷との間には上通《かみどおり》と大橋という二つの停留所があった。

東急玉川線は都電と同じく路面電車で、玉川電気鉄道を前身としたことから、玉電と称されていた。渋谷と二子玉川（五四年八月より二子玉川園。現・二子玉川）を結ぶ線と、三《さん》軒茶屋《げんぢゃや》と下高井戸《しもたかいど》を結ぶ線に分かれていて、前者は主に玉川通り（国道２４６号）上を走っていたが、六九年五月に廃止された（後者は現在も世田谷線として営業を続けている）。

現在の東急田園都市線の渋谷―二子玉川間は、かつての玉電の線路にほぼ忠実に沿っているが、駅は必ずしも停留所と同じではない。七七年に開業した池尻大橋駅は、大橋と玉電池尻の中間地点につくられた。

この池尻の家には、現在も叔母（父の妹）夫妻が住んでいる。私自身も、渋谷から池尻まで玉電に乗り、何度か訪れた記憶がある。当時はまだ幼稚園児であった。山手線内回りの渋谷駅ホームから階段を上り下りして地下鉄銀座線と京王井《い》の頭《かしら》線の線路に挟まれた場所にある玉電のホームに行くまでが遠く感じた。反対に帰りは玉電の渋谷駅ホームに相対している玉川口からすぐに外回りのホームに入ることができ、近く感じたものである。すでに玉川通りは自動車やバスで慢性的に混んでいて、その中央を走っていた玉電は子供心にも時代遅れの印象を与えていた。

池尻町に引っ越したことで、父の通学ルートも変わった。玉電池尻から渋谷まで玉電、渋谷から新宿まで山手線外回り、新宿から国分寺まで中央線、そして国分寺から北府中まで下河原《しもがわら》線に乗り、北府中から東京農工大学までは府中刑務所の南側を塀伝いに歩いて行った。

下河原線というのは、中央線の支線の通称であった。当時の北府中は正式な駅でなく信号場だったため、父が購入した通学定期の区間は玉電池尻から北府中の次の終点、東京競馬場前までとなっていた。

父が通っていた頃の中央線は、新宿から三鷹まで六分おき、立川まで十分おきに電車が走っていた。ところが下河原線は、三十分から一時間おきにしか走っておらず、国分寺での接続は必ずしもよくはなかった。東京競馬の開催日には東京駅から直通の電車も出たが、ふだんは一両編成の電車が国分寺と東京競馬場前の間を行ったり来たりしていた。国分寺駅には下河原線の専用ホームがなかったので、中央線の電車が発着する合間に同じ中央線の下りホームから東京競馬場前ゆきの電車が出たという。

七三年四月一日に武蔵野線の府中本町―新松戸間が開通したのに伴い、下河原線は前日の三月三十一日に廃止された。その日、私は父とともに東京競馬場前から国分寺まで最後の電車に乗っていた。電車は別れを惜しむファンで立錐の余地もなかった。次の北府中では、すぐ横に武蔵野線の新しい北府中駅がもうできていた。私が下河原線に乗ったのはこれが最初にして最後であったが、父にとっては通い慣れた線だったことを、当時の私は知らなかった。

新橋駅烏森口と東京駅丸の内口

明治五（一八七二）年、新橋―横浜間に日本で初めて鉄道が開業したことはよく知られている。

だが、ここで言う新橋は現在の新橋駅ではない。現在の新橋駅は一九〇九（明治四十二）年に烏森《からすもり》駅として開業し、一九一四（大正三）年十二月に現在の東京駅が開業して従来の新橋駅が汐留《しおどめ》駅に改称されたのに伴い、烏森駅が新橋駅となったのだ。

現在の新橋駅にも、南西口を烏森口と言うように、烏森という言い方自体は残っている。その名の通り、南西口には烏森神社がある。烏森神社のホームページによると、江戸ができる以前、平安時代に起こった平将門の乱にまでさかのぼれる古社だという。

二〇一八（平成三十）年一月二日、私は父とともに烏森口を出て、新橋駅の西側一帯をしばらく歩いてみた。戦前の町名で言うと東京市芝区新橋、田村町、南佐久間町、現在の町名で言うと港区新橋から西新橋にかけての一帯である。父は芝区南佐久間町で育ったから、数十年ぶりの再訪となった。

このあたりは飲食店街とオフィス街が混在しているが、さすがに一月二日とあって閑散としている。まず田村町にあった南桜《なんおう》小学校の跡を訪れた。父が通っていた小学校（国民学校）である。ここは現在、南桜公園となっている。空襲にも耐えた鉄筋コンクリートの校舎は解体されたが、二宮尊徳の銅像は残っていた。

父によると、このあたりは「東京大空襲」と呼ばれる一九四五（昭和二十）年三月の空襲よりも、皇居の宮殿などが全焼した五月の空襲の方が、より被害が大きかったという。ただ数十年前とは風景は一変しても、路地は変わっていなかった。父はここが通学路だったと言いながら、慣れた足取りで歩いて行く。そしてついに実家があったところを探り当てた。

四五年五月の空襲で焦土と化したその場所には、高層の賃貸マンションが建っていた。「南佐二町会」と書かれた町内会の掲示板だけが、ここがかつて南佐久間町二丁目と呼ばれた時代の面影を伝えていた。

新橋駅烏森口の探索を終えた私たちは、新橋から山手線に乗り、二駅目の東京で降りた。昨年十二月に東京駅丸の内口に完成した歩行者専用の「丸の内中央広場」と、景観が整備された行幸通りを見学するためである。

閑散とした烏森口とは対照的に、装いを新たにした丸の内口は、大勢の人たちで埋めつくされていた。日の丸の小旗を持っていたことから、皇居での一般参賀を終えて帰る人たちだとわかった。

この自動車がいよいよ皇居前にさしかかった時に、驚くべし。東京駅と二重橋の間だけは、続々とつづく黒蟻のような人間の波がゴッタ返しているのです。これを民草というのだそうだが、うまいことを云うものだ。まったく草だ。踏んでも、つかみとっても枯れることのない雑草のエネルギーを感じた。

（『安吾新日本地理』、河出文庫、一九八八年）

こう述べたのは、一九五一（昭和二十六）年の元日に行幸通りの風景を目のあたりにした坂口安吾である。当時は一月二日ではなく元日に一般参賀が行われ、約二十八万人が押し寄せた。「深夜のように人気の死んだ大通りから、皇居前の広茫たる大平原へさしかかって、ですよ。又、いよいよ、日本も発狂しはじめたか、と思いますよ」と記した安吾の脳裏には、「皇居前で拍手《かしわで》をうつ集団発狂」の時代の記憶がよみがえっていたに違いない。

二〇一八年一月二日の一般参賀でも、平成になって最多の約十二万六千七百人が押し寄せた。一見、坂口安吾が見たのと似たような風景が、「東京駅と二重橋の間」に再現されたのである。新橋駅烏森口は空襲によって住宅地が全滅し、高層ビルやマンションが建ち並ぶ景観へと生まれ変わったのに対して、東京駅丸の内口は空襲によって破壊された赤レンガの駅舎が復原された上、皇居につながる行幸通りが整備されることで、天皇のためにつくられたこの駅の本来有する政治的性格がさらに強化された。なお天皇の代替わりを控えた一九年一月二日の一般参賀では、一八年をさらに上回る十五万四千八百人が皇居を訪れている。

烏森口を軽快な足取りで歩いていた父は、丸の内口の人波にすっかり圧倒され、疲れたから帰ると言い出した。よく見ると、人波のなかには外国人の集団も交じっている。彼らは駅舎をバックに、盛んに記念写真を撮っている。それは建築史家の藤森照信《ふじもりてるのぶ》が言うように、「東京駅が物量的には最大で、皇居に近づくにしたがってだんだん小さくなって」（『建築探偵の冒険　東京篇』、ちくま文庫、一九八九年）くる、つまり丸の内駅舎こそが天皇の、さらには国家の権威を誇示する最も威風堂々とした建築物にほかならないからだ。いまや北京の天安門やソウルの光化門《クァンファムン》に匹敵する役割を、丸の内駅舎が果たしているという感を深くした。

一九七五年の国鉄

一九七五（昭和五十）年四月、私は横浜市港北区にある中学校、慶應義塾普通部に入学した。小学校とは異なり電車通学となり、一学期は西武新宿線の花小金井《はなこがねい》から東急東横線の日吉《ひよし》まで、二学期以降は東急田園都市線の青葉台から日吉まで通った。

当時の記憶をたどってみると、よく学校が臨時休校となり嬉しかったのを覚えている。国鉄や私鉄のストライキが頻発していたからである。

まず五月七日と九日、日本私鉄労働組合総連合会（私鉄総連）が東急や阪急など大手私鉄十社の二十四時間ストを行ったほか、八日からは国鉄労働組合（国労）と動力車労働組合（動労）が七十二時間の「決戦スト」に入った。生徒の大半が電車通学をしていた普通部では、国鉄、東急、営団地下鉄（現・東京メトロ）のいずれかがストを行った場合に休校としていたため、七日から十日まで四日連続で休みになった。

ところが、この年はこれで終わらなかった。国労と動労は、ストライキを行う権利を獲得するために十一月二十六日から十二月三日にかけて、八日間にわたるスト（スト権スト）を行ったのである。国鉄の全面マヒは百九十二時間におよび、十八万四千本が運休、のべ一億五千万人に影響を与えるという、戦後史上空前のストとなった（牧久『昭和解体　国鉄分割・民営化30年目の真実』、講談社、二〇一七年）。普通部ではこの間、ずっと休校が続いたことは言うまでもない。

当時の国鉄は、『１９７５　国鉄の実情を訴える』と題する冊子を発行している。奥付がないため具体的な著者や発行年月日などはわからないが、国民の間に高まりつつあった国鉄に対する不信感を和らげるべく書かれたのは間違いない。だが、一二五ページからなるこの冊子からは、逆に一九七五年の国鉄が置かれていた厳しい状況が浮かび上がってくる。

まずこの冊子は、「基本的な疑問点に答える」として、国鉄の財政危機に言及している。それによると、七五年度の赤字は七千億円を超え、同年度末の借金の残高は六兆六千億円にもなる。「ではなぜ赤字になったのか」という疑問に対しては「運賃水準」、つまり運賃の安さをあげ、「とりわけ石油危機以降の物価高騰によって、運賃と物価水準の差は一層広がり、巨額の赤字を生み出す最大の原因となっている」としている。

ちなみに当時の国鉄は全国一律の運賃で、最低運賃は三キロまで三十円と私鉄より安かった。東京—福岡（博多）間の運賃は、飛行機が一万九千五百円だったのに対して、国鉄は新幹線でも八千七百十円と半額以下にすぎなかった。黒字線は新幹線、山手線、高崎線の三線しかなく、他はすべて赤字線であった。

しかし他方、この冊子は「公共輸送の中に占める国鉄の割合は、おおむね50％と高い。この比率はここ10年間ほとんど一定であって、国鉄の輸送サービスが国民生活の中に深くとけこんでいることを示している」「営業用トラックと鉄道を含めた陸上輸送機関の中でみると、国鉄の占める比率は44％であり、経済活動の中で引き続き大きな役割を果たしている」などと、国鉄が国民生活といかに密接な関係をもっているかを強調している。これだけを読むと、もし国鉄が一日でも止まれば、生活や経済にきわめて深刻な影響が生じるように見える。

このような認識をもとに、健全な財政基盤を確立させ、設備や車両などの輸送基盤を整備し、職員の士気を奮い起こし、経営努力を重ねることで、国鉄の再建は可能とする見方を冊子は示している。分割民営化という発想は、まだどこにも出てきていない。

今日から見れば、まことに甘い見方としか言いようがない。当時、順法闘争やストを続ける国鉄に対する国民の不信感は、この冊子の著者の想像をはるかに上回っていた。とりわけスト権ストで八日間にわたって列車が止まったことは決定的であった。しかしそれでも、日本経済の根幹は揺るがず、物流経済にもほとんど影響がないことがはっきりと示された（前掲『昭和解体』）。冊子で書かれていたことの誤りが証明されたのである。

これ以降、国鉄では七六年に最低運賃が三十円から一気に倍の六十円に値上げされるなど、大幅な運賃値上げが相次いだ。それは乗客の国鉄離れをますます加速させる結果を招いた。北海道や九州などでは、赤字ローカル線が次々に廃止された。国鉄の解体は、ある意味では必然の成り行きと言ってよかった。

しかし七五年の国鉄を改めて思い出すと、経済合理性だけでは割り切れないものがあったこともまた事実と言わねばなるまい。例えばこの三月までは、日本一の乗降客数を誇る新宿駅の上り中央線ホームに、10時51分から12時8分まで新宿発松本ゆきの客車普通列車がずっと停まっていた。その車内は私にとって、つかの間の安らぎの場所であり、戦前からの歴史を伝える生きた教科書としての役割を果たしたことは、『滝山コミューン一九七四』（講談社文庫、二〇一〇年）で触れた通りである。

四十年ぶりの夕張再訪

高校一年生だった一九七八（昭和五十三）年の夏休みに北海道の国鉄全線を完乗した。その中には、室蘭本線の追分《おいわけ》と夕張《ゆうばり》の間を結んでいた夕張線も含まれる。

追分を5時47分に出たディーゼルカーは、途中の紅葉山《もみじやま》（現・新夕張）で現在は廃止された登川《のぼりかわ》に行く車両を切り離し、夕張の中心部へと向かった。炭鉱の閉山が相次ぎ、人口はピークの半分以下に減っていたが、それでもまだ五万人近くが住んでいた。

南清水沢《みなみしみずさわ》では、平屋建の炭鉱住宅が建ち並ぶさまに目をみはった。三菱南大夕張《みつびしみなみおおゆうばり》炭鉱に向かう会社線が分岐する次の清水沢では、石炭を運ぶ貨物列車が側線に停まっていた。終点の夕張には、すでに閉山した北炭《ほくたん》夕張炭鉱の選炭場が残っていた。夕張に6時56分に着くこの列車は、終点が近づくにつれ客が乗ってきた。寂れたとはいえ、まだ活気がなくなったわけではなかった。

あれから四十年あまりが経った。この間に夕張はすべての炭鉱が閉山し、人口が激減して税収が落ち込み、二〇〇七（平成十九）年には三百五十三億円の赤字を抱えて財政再建団体となった。夕張市は財政破綻した自治体としてその名を全国にとどろかせることになった。ちなみに二一年八月現在の人口は、七千人あまりにすぎない。

夕張線の追分―紅葉山間は、一九八一年十月に千歳空港（現・南千歳）と新得を結ぶ石《せき》勝《しょう》線が開業したことでその一部となり、新夕張（石勝線開業と同時に紅葉山を改称）―夕張間は石勝線の支線となった。私が乗った七八年七月には夕張を発着する列車が下り十一本、上り十三本あったのが、人口の減少に伴い本数が減り、廃止間際には上下各五本しかなかった。

二〇一八（平成三十）年六月二十八日、私は四十年ぶりに旧夕張線に乗った。朝日新聞の日曜文化・文芸面「視界良考」で北海道の廃止対象路線を取り上げることになったからだ。宮代栄一《みやしろえいいち》編集委員とともに千歳から夕張ゆきの普通列車に乗る。一両編成のディーゼルカーで、国鉄時代に製造された車両だ。南千歳でほぼ席が埋まり、次の追分で地元客が降りてしまうと、乗客はほぼマニアだけになる。大半は独りの男性だが、中年女性のペアが一組だけいる。聞こえてくるのは、彼女らの話し声だけだ。

新夕張を過ぎると、いよいよ廃止される区間に入る。かつての炭鉱住宅の代わりに、真新しい団地のような住宅が建っている。だが住人がいる気配はあまりない。清水沢では側線がすべて撤去され、駅舎とホームの間が不自然なほど広く空いている。この駅にだけは、ＪＲが委託したと思われる女性の駅員が立っていた。

清水沢で降りようとした一人の客にトラブルが発生したため、終点の夕張には定刻の12時26分よりも遅れて着いた。実はこの夕張駅、四十年前と同じ駅ではない。正確に言えば、二度も移転しているのだ。

一回目の移転は一九八五（昭和六十）年十月。炭鉱の閉山に伴い一・三キロ短縮し、市役所の近くに駅をつくった。ところが、その手前に冷水山《れいすいざん》を頂点とするマウントレースイスキー場やホテルができると、さらに〇・八キロ短縮し、ホテルの前に駅をつくった。これが二回目の移転で、一九九〇（平成二）年十二月だった。

果たしてこの移転は正しかったのか。当時夕張を訪れた宮脇俊三は、「レースイスキー場の人気は高く、東京からの直通スキー列車運転の夢もふくらんでいるという」と書いた（『駅は見ている』、角川文庫、二〇〇一年）。炭鉱の町からリゾート地へと脱却しようとする夕張に温かい眼を注いでいるのだ。しかし現在、夕張の駅前に人影はない。いまとなっては、冬場にしか客を呼び込めないリゾートに飛びついたことで、交通を不便にしてしまった感は否めない。

宮代さんと一緒に夕張市役所まで歩き、廃線後の公共交通について話をうかがった。それによると、清水沢に拠点複合施設をつくり、ここにバスのターミナルを設けて市内の交通網を整備する。市内には、南北を結ぶ十往復程度のバスが走るようになるという。

私はこう反論した。確かに市民にとってはいまよりも便利になるだろう。しかし、人口が減るなかで市民だけを対象として交通網を整備しても、維持は難しい。夕張は新千歳空港からも近い。年々増大する海外からの観光客を積極的に誘うための対策をなぜ立てないのか。空港と線路でつながっている鉄道は、夕張に多くの外国人を呼び寄せる起爆剤になったはずではないか——。

北炭夕張炭鉱の跡は、現在石炭博物館となっている。この博物館では、日本で唯一、実際の石炭層がある本物の坑道に入ることができる。もし夕張駅が移転しなければ、駅前にあったことになる。

私たちは市役所からさらに一・三キロの道を歩いて博物館まで行った。その途中、一人の姿も見かけなかった。博物館が迫るにつれ荒れ果てた広大な駐車場が見えてきたが、一台の車も止まっていなかった。かつての夕張駅は、跡形もなく消えていた。

平成最後の年に当たる二〇一九年三月三十一日をもって、新夕張—夕張間は廃止された。

小熊英二と原武史

小熊英二《おぐまえいじ》さんと私とは、多くの共通点がある。生まれたのが一九六二（昭和三十七）年で、誕生日も数日しか違わず、星座は同じおとめ座であること。マスコミへの就職を経て学者になっていること。日本の近現代史を主な研究対象としていること。そして、（旧）北多摩郡に属し、革新系が強かった東京の西郊（衆議院中選挙区制時代の東京七区）で育っていることである。

しかし、学風は全く異なる。しばしば「圧倒巨編」と称されるように、小熊さんの著書は単行本にしろ新書にしろとにかく分量が半端でない。対象は日本という国家全体や、近代ないしは戦後という時代全体を俯瞰するようなものが多い。最近では現代社会に対する提言もされている。一方、拙著は分厚いものは少なく、新書も標準サイズにとどまっている。対象は天皇制のような国家レベルのものもあれば、滝山団地という一つの団地だけに焦点を合わせたものもある。講談社現代新書から刊行された『鉄道ひとつばなし』シリーズなど、鉄道ものの著書も結構ある。

小熊さんは、勤務校の慶應湘南藤沢キャンパスに向かう際、下北沢《しもきたざわ》から湘南台《しょうなんだい》まで小田急線の快速急行に乗っている。以前話したとき、途中にどういう駅を通るか全く意識していないと聞いて驚いたことがある。この人には場所の固有性に対する感覚がないのではないかと思ったからだ。なぜ同じ東京の西郊で育ったのにこうも感覚が違うのか、そのときにはよくわからなかった。

しかし『生きて帰ってきた男』（岩波新書、二〇一五年）を読み、疑問が氷解した。岩波新書としては破格な三九四ページの分量を有するこの本は、父親に当たる小熊謙二さんへの長時間の聞き取りを通して、シベリア抑留や結核療養所での生活など、知られざる戦中戦後史を描いたものだ。それは小熊家の歴史でもあるから、後半には息子である著者自身も出てくる。著者がどういう環境で育ったのかを知るうえでも、多くの貴重な情報を提供しているわけだ。

小熊さんは、生まれてから高校に入るまで、昭島《あきしま》市の第六都営住宅、村山町（七〇年に武蔵村山市）の三《み》ツ藤《ふじ》住宅、立川市のマンションを転々としている。一方、私は同じ時期に、保谷《ほうや》町（現・西東京市）のひばりが丘団地、東村山市の久米川《くめがわ》団地、久留米町（七〇年に東久留米市）の滝山団地を転々としている。いずれも（旧）北多摩郡でありながら、総じて小熊さんが育った地域のほうが、私が育った地域よりも西側に属している。

この微妙な差が、実は決定的な体験の違いをもたらしている。小熊さんが住んでいたところは、どこも横田基地や立川基地に近く、ベトナム戦争の最中には米軍機の爆音が絶えなかった。「小熊歴史社会学」の根底には、聴覚を通したこの体験があるのだ。私が住んでいたところは米軍機の飛行区域から外れており、轟音で会話ができなくなるような体験はなかった。

鉄道やバスという点でも大きな違いがある。小熊さんが住んでいたところは、国鉄青梅線や中央線の沿線、もしくは立川バスが管轄する区域であった。当時の中央線や青梅線には、「米タン」と呼ばれる米軍機に燃料を輸送する貨物列車が走っていた。また三ツ藤住宅のある武蔵村山には鉄道の駅がなかった。隣町の東大和《ひがしやまと》には西武拝島《はいじま》線の駅があったものの、西武バスは武蔵村山にほとんど進入できず、小田急の子会社に当たる立川バスが住宅と立川駅を結んでいた。鉄道的に見ても米軍の影が濃いのに対して、西武の影はきわめて薄かったのだ。

小熊謙二さんは、自らの商売のために早くから車を持っていた。鉄道のない町に住むことを厭わなかったのも、車で立川まで通勤していたからだという。だからそもそも小熊家には、たとえどこに住もうが鉄道やバスに拘束されない「自由」があったとも言えるのだ。六〇年代半ばにカラーテレビ、クーラー、カーが「３Ｃ」（新三種の神器）と呼ばれたように、当時はまだこうした特権を享受している家庭は珍しかった。

我が家にも車はなかった。しかも、住んでいた団地がいずれも西武池袋線や西武新宿線の沿線に当たり、駅と団地の間は西武バスが結んでいた。とりわけ一九六八年から七五年まで住んでいた滝山団地は、西武バスが営業所を設けるほど路線網の中核となった団地であった。西武資本に完全に支配され、西武鉄道や西武バスなくしては生活が成り立たない団地と言ってもよかった。

団地住民の関心は、中央線沿線のように米タン阻止やベトナム戦争反対、基地返還などの国家的な問題へと直ちに向かうよりはむしろ、西武鉄道や西武バスの運賃値上げのような地元の生活に密着した問題へと向かった。そこには国鉄の沿線とは異なり、「堤コンツェルン」と呼ばれる巨大資本により自分たちが搾取されているという、マルクス主義の理論がすっぽりと当てはまる条件があった。同じ東京の西郊に育ちながら、小熊さんと私の間には市民運動が育まれやすい中央線文化と、日本共産党が支持を獲得しやすい西武線文化の違いがあるわけだ。この違いは大きいと言わねばなるまい。

「東海道本線」から「上野東京ライン」へ——明学を去る

二〇一六（平成二十八）年三月三十一日、私は十六年間勤めた明治学院大学を退職し、四月一日から放送大学に移ることになった。明学には白金《しろかね》と横浜という二つのキャンパスがあるが、私が通ったのは横浜のほうであった。通勤には車を使うこともあれば、鉄道を使うこともあった。鉄道の場合、自宅に近い青葉台ないし十日市場から横浜までは東急田園都市線やJR横浜線・京浜東北線に、横浜から横浜キャンパスに近い戸塚まではJR東海道線かJR横須賀線に乗った。

前職である山梨学院大学に通っていたときのようなドラマチックな車窓風景に出会うことはなかったものの（その詳細は「山梨を去る」、拙著『鉄道ひとつばなし』、講談社現代新書、二〇〇三年所収を参照）、この十六年間の東海道線の変貌ぶりには目を見張るものがあった。JR山陽本線やJR鹿児島本線とつながる国家の大動脈としての面影がなおも残っていた東海道本線は、いまや同じJR東日本管内の宇都宮線（東北本線）や高崎線との結び付きを強めることで「本線」でなくなるどころか、「上野東京ライン」という新たな線名が付されることで、固有の名称すらわからなくなったのである。

具体的に言おう。二〇〇〇年四月に明学に着任したとき、東海道線にはまだ東京と下関や九州を結ぶ寝台特急が走っていた。通勤の往路では、横浜に停車する大分発の特急「富士」や熊本、長崎発の特急「さくら・はやぶさ」を見かけた。反対に帰路では、横浜に停まる下りの「富士」や「さくら・はやぶさ」のほか、19時27分発の下関ゆき特急「あさかぜ」に遭遇することもあった。

確かに全盛期に比べれば寝台特急の本数は減ったし、博多ゆきの「あさかぜ」が下関ゆきになったように運転区間も幾分縮まったものの、往年の名特急を彷彿とさせる「富士」や「さくら」が通勤電車の合間を縫うように横浜駅に滑り込んでくる様は壮観であった。特急のほか、東京と大阪を結ぶ寝台急行「銀河」も健在だった。普通列車は国鉄時代と変わらない、「湘南色」と呼ばれる橙と緑のツートンカラーで塗られた車両がまだ現役で、JR東海の管内である沼津や静岡、島田まで乗り入れる列車が少なくなく、大垣ゆきの夜行快速「ムーンライトながら」もあった。小窓がずらりと並び、四葉のマークが付いた一階建てのグリーン車は、国鉄時代の二等車のように、通路を中央に二人掛けの座席が整然と並んでいた。

しかし、着任した翌年の二〇〇一(平成十三)年十二月には、早くもダイヤが改正された。小田原や逗子《ずし》から新宿、池袋を経由して高崎線や宇都宮線に乗り入れる「湘南新宿ライン」の運転が始まったのだ。戸塚駅のホームで初めて「籠原《かごはら》」(埼玉県熊谷市)や「小金井《こがねい》」(栃木県下野市《しもつけし》)の行先案内板を見たときの衝撃は、いまも忘れがたい。東海道線の「脱東京ターミナル化」へ向けての第一歩が踏み出されたのである。

車両の交代も進んだ。横須賀線ではすでにクリームと青の二色に塗られた車両がなくなり、ステンレスの車両に置き換えられていたが、東海道線でも同様の車両への置き換えが進んだのだ。それとともに、四人が向かい合うボックス型の座席が並ぶ車両が激減し、山手線などと同じロングシートの車両が大幅に増えた。当初、湘南新宿ラインに登場した二階建てのグリーン車は、東海道線や横須賀線にも投入されるようになり、一階建てで小さな窓が並ぶ古典的なグリーン車は姿を消した。こうして東海道線は、首都圏のほかの線と変わらなくなっていった。

寝台列車や夜行列車も次々と姿を消した。まず二〇〇五年三月には「あさかぜ」と「さくら」がなくなり、「さくら」と併結していた「はやぶさ」は「富士」に併結され、「はやぶさ・富士」となったものの、東京と九州を唯一結んでいたこの特急も、〇九年三月には廃止された。

また「銀河」は二〇〇八年三月になくなり、「ムーンライトながら」は〇九年三月に臨時列車となった。東海道線を走る普通列車は、沼津発着の列車が走る朝夕の時間帯を除けば、すべて小田原、熱海、伊東などJR東日本管内の駅を発着するようになった。

そして極め付きは、二〇一五年三月に開業した上野東京ラインである。東海道線の東京と、宇都宮線・高崎線・常磐線の上野がつながったことで、早朝と深夜を除いて東京を発着する列車がほぼなくなったのだ。東京と神戸を結んでいたはずの東海道本線は、JR発足後に東京と熱海を結ぶ東海道線となり、いまや神奈川や伊豆と埼玉、群馬、栃木を結ぶ上野東京ラインないし湘南新宿ラインの一部となった。その結果、東京発着当時には考えられないようなダイヤの乱れが常態化している。

JR東日本は、盛岡―青森間を第三セクターに移管して東北本線を事実上解体し、上野―黒磯《くろいそ》間を「宇都宮線」と称したように、東京―熱海間を東海道線ではなく、かつての通称「湘南電車」にならって「湘南線」と称するべきだろう。現にJR西日本は、東海道本線の米原―京都間を「琵琶湖線」、京都―大阪間を「京都線」、大阪―神戸間を「神戸線」と称している。東海道線の名称は、最も長い区間に相当するJR東海管内の熱海―米原間に限定したらどうだろうか。

六月十三日午後の事

母の急死を知ったのは、二〇一五（平成二十七）年六月十三日の午後七時頃、自宅に近い東急田園都市線の青葉台駅においてであった。この日は午後二時から東大で研究会が開かれ、終了後にカフェで出席者と談笑してから帰宅の途についた。その途中、田園都市線の車内で携帯電話が鳴った。兵庫県に住む妹からだった。しかし車内のため出られず、青葉台で降りてすぐ電話し、母の死を知らされたのだ。

両親の家は千葉市緑区にあり、東急がＪＲ外房《そとぼう》線の土気《とけ》駅の南側に開発した「あすみが丘」という新興住宅地に住んでいた。母は七十八歳だったが、病気らしい病気にかかったことがなく、十三日も父と昼食をとってから、庭で草取りをしていた。暑かったので、作業を終えて風呂を沸かし、湯船につかった。その途端、急性心不全を起こして入水し、永久に帰らぬ人となった。

母は横須賀に生まれ、三浦郡浦賀町《うらがまち》（現・横須賀市）大津で育った。浦賀水道に面したところで、少し東に行けばオトタチバナヒメをまつる走水《はしりみず》神社もある。母は常々、自分が死んだら、遺骨を浦賀水道に撒いてほしいと言っていた。実際に住んでいたのは幼少期だけだったが、大津から見た海の風景を忘れられなかったのだろう。

記紀によれば、ヤマトタケルが東征の途上、浦賀水道を渡って上総《かずさ》に行こうとしたとき、軽はずみな発言がもとで海が荒れた。このとき、「願はくは賤しき妾《やつこ》が身を、王《みこ》の命《おほみいのち》に贖《か》へて海に入《い》らむ」(『日本書紀』)と言って入水したのが、オトタチバナヒメであった。『古事記』では、ヤマトタケルの后とされている。

妹から、母が入水して死んだようだと聞かされたとき、なぜかとっさにオトタチバナヒメのことが思い浮かんだ。残された父のことを思うと、一刻も早く実家に行かなければならないことははっきりしていた。心の動揺を必死に抑えつつ、どうしたら青葉台から土気まで最も早く行けるかを考えた。確か午後八時にJR京葉《けいよう》線の東京駅を出る特急「わかしお」があるはずだ。この特急に乗れば、土気まで四十分あまりで行く。そのためには、表参道《おもてさんどう》で地下鉄千代田線に乗り換え、二重橋前で降りて京葉線の東京駅まで歩くのがベストだと判断した。

計算通り、東京駅には八時前に着いた。ところが十三日は土曜日だったので、20時発の特急「わかしお」は運休していた。やむなく行先案内板を見ると、次の電車は20時7分発の快速君津《きみつ》ゆきとある。土気に行くには、京葉線の終点である蘇我《そが》からＪＲ内房《うちぼう》線に乗り入れるこの電車に乗るしかない。

そう考えると、反射的に「君津」という文字がありありと浮かんできた。この快速は、袖《そで》ケ浦《うら》、木更津《きさらづ》、君津と停まる。そのいずれもが、オトタチバナヒメと関係しているということに思い当たったのだ。

袖ケ浦はオトタチバナヒメの着物の袖が流れ着いた場所、木更津はオトタチバナヒメが入水したおかげで上総に渡ることができたヤマトタケルが、「君去らず袖しが浦に立つ波のその面影を見るぞ悲しき」と詠んだ場所（君不去）、そして君津はヤマトタケルがオトタチバナヒメをしのび、立ち去ろうとしなかった場所（君去津）に由来するとされている。こうした民間伝承は、『日本書紀』や『古事記』にも記されていない。

明治以降、天皇が京都から東京に移ることで、東京は「帝都」となった。先ほど乗り換えた表参道も二重橋前も、近代天皇制と不可分の関係にある。けれども首都圏では、それよりもはるか以前に、「万世一系ノ天皇」から排除された皇子やそのパートナーに当たる女性の伝説が、地名に刻印されていたのである。

快速君津ゆきに乗りながら、突然一人実家に残された父の心境を思った。まさに「君去らず」と詠んだヤマトタケルと同じではないか。いや、救急隊員が死亡を確認してからやって来た警察の事情聴取に応じなければならず、それどころではないかもしれない。言葉にならぬ思いが、次々と脳裏を横切っていった。

舞浜《まいはま》から乗ってきたディズニーランド帰りのカップルも、検見川浜《けみがわはま》や稲毛海岸《いなげかいがん》で降りてゆく親子連れの家族も、全くよそよそしい、遠くかけ離れた人たちのようにしか見えなかった。果たしてこれは現実だろうか。ひょっとして何かの間違いで、母は今頃息を吹き返しているのではないかという想像すら頭をかすめた。

20時51分、電車は蘇我に着いた。ホームの反対側には、外房線の快速上総一ノ宮ゆきが停まっていた。この電車に乗り換えようとして、改めて駅名標を見た。その瞬間、こんどは「蘇我」という文字が胸に迫ってきた。そうだ、オトタチバナヒメは実は死んだのではなく、ここに流れ着いて「我、蘇り《よみがえ》」と言ったのだ——。木更津や君津とは異なる伝説が、蘇我という駅名に刻印されていることに思い至ったのである。

ふだんはただの記号としか認識していなかった駅名が、その漢字の組み合わせが、これほど強いメッセージを発して訴えかけてこようとは……。私は不覚にも、土気に向かう車内で涙を抑えることができなかった。

コロナと鉄道

小林一三モデルの崩壊

明治以来の鉄道の歩みを振り返ると、いくつかの重大な危機があったことに気づく。

一つは戦争だ。戦時体制に伴うダイヤの改悪に加えて、全国の主要都市が空襲を受け、車両の被害や事故が相次いだ太平洋戦争末期から、復員や占領軍に代表される新たな旅客の輸送需要が生じた敗戦直後にかけて、日本の鉄道はしばしば麻痺状態に陥った。また日本国有鉄道が発足した一九四九（昭和二十四）年には、下山《しもやま》事件、三鷹《みたか》事件、松川《まつかわ》事件のような、いまなお謎に包まれた鉄道関係の事件も相次いで起こっている。

しかしそうした状況も、ダイヤが戦前並みの水準を回復するなど混乱が収まるにつれ、しだいに改善されていった。モータリゼーションが早く進んだ米国とは異なり、日本では高速道路網が全国的に整備され、ローカル線の廃止が相次いで国鉄が解体される昭和末期まで、多くの地方で鉄道が陸上輸送の主役であり続けた。

もう一つは自然災害だ。一九二三（大正十二）年九月に起こった関東大震災では、首都圏の鉄道が甚大な被害を受けたが、二ヵ月ほどでほぼすべての区間が復旧した。一方、二〇一一（平成二十三）年三月に起こった東日本大震災では、福島第一原発の近くを通るJR常磐線の全面復旧に時間を要したうえ、津波で甚大な被害を受けたJR気仙沼線やJR大船渡《おおふなと》線の多くの区間が、復旧の費用に見合う採算がとれないという理由から、バスの一種であるBRT（バス高速輸送システム）に転換された。

この時期になると、地方ではすでに道路が整備されて自動車が行き渡り、鉄道が陸上輸送の主役でなくなっていた。バスへの転換は、台風や高波で不通となった宮崎県の高千穂鉄道や北海道のJR日高本線でも起こっている。しかし他方、岩手県の三陸鉄道やJR山田線（現・三陸鉄道リアス線）の宮古《みやこ》―釜石間、福島県のJR只見《ただみ》線の会津川口―只見間、熊本県の南阿蘇《みなみあそ》鉄道などのように、自然災害で甚大な被害を受けても公費が投入されて復旧したり、復旧に向けた工事が進められたりしている区間も少なくない。

二〇二一（令和三）年の鉄道業界を襲っているのは、コロナ禍という危機だ。テレワークやオンライン授業の普及に伴い、都市部では通勤客や通学客が大きく減り、地方では日本人の観光客ばかりか、線区によっては大きな収入源だった外国人の客がほぼいなくなった。平成の天皇と皇后が鉄道を利用し、全国各地を回っていたのに対して、令和の天皇と皇后は即位して間もなく赤坂御所、次いで皇居に引きこもってしまったことは、まさにこの間の変化を象徴している。

鉄道各社はJR、私鉄、第三セクターを問わず、軒並み減収減益に陥り、運賃を値上げする会社や、本数を減らしたり終電時刻を繰り上げたりする会社も現れた。地方の鉄道はもちろん、これまではモータリゼーションが進んでも優位を保ってきた都市部の鉄道ですら、出口の見えない危機に陥っている。

確かにオンライン化がもたらした恩恵はいくつもある。毎日満員電車に乗る必要がない。それどころか通勤できる場所に住む必要がない。全国どこにいても瞬時につながり、会議や授業ができる。こうした点から見ると、時間をかけて空間を移動する鉄道というのはいかにも時代遅れの感があり、総工費約七兆四百億円をかけて品川と名古屋を結ぼうとしているJR東海のリニア中央新幹線の工事が滑稽にすら見えてくる。二一年十月からJR東海とJR西日本が東海道・山陽新幹線を走る車両の一部をテレワーク専用車両にしたのも、利用客がいかに激減したかを物語っていよう。

英文学者の吉田健一《よしだけんいち》は、『旅』一九六四年十一月号に掲載された「超特急」というエッセイで「何れもっと機械、器具が発達すれば、ただ用事を足すだけの場合は旅行しないですむようになるに違いない。昔は人と懇談するのに、その人がいる所まで行かなければならなかったというような按配になるのである」と述べている。この予言は、それから半世紀あまり後になって見事に的中したと言うべきだろう。

コロナ禍の広がりとともに、世界各国や国内の観光名所をパソコンの画面に映し出し、自宅に居ながらにして旅行気分を味わえる「オンライン体験ツアー」も旅行代理店で企画された。観光客が激減したことによる苦肉の策であったが、実際の観光よりはるかに安く手軽に体験できることもあって人気を集めた。

同様のことは皇室でも起こっている。現天皇と現皇后は、住まいであった赤坂御所や皇居の御所からインターネットを通して式典に出席したり、被災地や病院を視察したり、各地の人々との対話を続けたりしてきたが、宮内庁はこれらを「オンライン行幸啓」として紹介し、あたかも実際の行幸啓と同格のように位置付けている。

たとえコロナ禍が収束し、国内外の観光客が戻ってきても、オンライン化の流れをくいとめることはできないだろう。通勤客が以前と同じ程度にまで戻ることはなく、出張のための移動も減るに違いない。「オンライン体験ツアー」も立派なビジネスとして定着するかもしれない。オンラインの手軽さや便利さを知ってしまった以上、わざわざ金も時間も余計にかかる方法にもう一度戻ろうとは思わない人々が増えると見られるからだ。ある調査では、三割程度の会社員が感染収束後もリモートワークを続けるという見通しが出されている。

正確に言えば、すでにコロナ禍の前から、少子高齢化に伴う通勤客の減少や、それに伴うラッシュ時の混雑率の低下が都市部の多くの鉄道で少しずつ起こっていた。コロナ禍は、こうした流れを一気に加速させる役割を果たしたともいえるだろう。

阪急の創業者、小林一三は、一九一〇（明治四十三）年に箕面有馬《みのおありま》電気軌道（現・阪急宝塚線および箕面線）の梅田（現・大阪梅田）―箕面・宝塚間を開業させたのと同時に、沿線の池田駅前に分譲住宅地を開発し、梅田までの通勤客をつくり出すことで、私鉄会社の経営を軌道に乗せた。この手法は後に、東急など多くの私鉄が模倣するようになり、世界でも珍しい私鉄経営のビジネスモデルとして称揚された。ところがコロナ禍によって、一世紀以上にわたって続いてきたこのモデルが通用しなくなる時代が本格的に到来したのだ。

戦争も自然災害も鉄道に甚大な被害をもたらしたが、復旧すれば客が戻ってきた。一方、コロナ禍は利用客の完全な回復を困難にした点で、戦争や自然災害を上回る危機を鉄道業界にもたらしたのである。

柳田、谷崎、三島の鉄道観

では、コロナ禍という未曽有の危機から脱却し、鉄道業が再び脚光を浴びる可能性はあるのだろうか。ポストコロナの時代にふさわしい新たな価値を、鉄道は創り出すことができるのだろうか。

大手私鉄のなかには、すでにコロナ禍の前から通勤客の減少に備えるべく、都心のターミナルとは反対側の終点に新たな施設を開設する試みが見られた。例えば西武鉄道は、秩父線の終点の西武秩父駅を改築するとともに、駅に隣接して「西武秩父駅前温泉　祭の湯」を開設した。京王電鉄もまた、高尾線の終点の高尾山口駅を改築するとともに、駅に隣接して「京王高尾山温泉　極楽湯」を開設した。これらはかつて小林一三が箕面有馬電気軌道の終点の宝塚に新温泉や歌劇場を設けたのと似ており、登山や行楽帰りの客ばかりか、地元の市民や沿線の高齢者をも対象とする施設をつくったといえる。ポストコロナの時代には、こうした試みがＪＲ、私鉄を問わず広がってゆくことは想像に難くない。

ただこれだけなら、従来のビジネスモデルの修正という範囲を逸脱するものではなかろう。ここで考えてみたいのは、もう少し原理的な問題である。「ポストコロナの時代にふさわしい新たな価値を、鉄道は創り出すことができるのだろうか」という先の問いに答えるためには、そもそも鉄道はいかなる価値を創り出してきたのかを見ておく必要があるだろう。

そのためにまず、柳田國男の鉄道論に触れてみたい。柳田が活躍した時期は、まさに植民地を含む日本全国で鉄道網が確立される時期と重なっていた。それに伴い、従来の徒歩に代わって汽車による旅行が普及したことの意味につき、柳田は一九四一（昭和十六）年に公刊された『豆の葉と太陽』でこう述べている。

汽車では今まで予想しなかった景色の見ようがあることを、もう心づかぬ人もなくなった。白いリボンに譬えらるる山路の風情、村を次から次へ見比べて行く面白味、または見らるる村の自ら装わんとする身嗜なみ、また時代によって心ならずも動かされて行く有様、こんなものを静かに眺めていることは、「汽車の窓」にして始めて可能である。

（『柳田國男全集』2、ちくま文庫、一九八九年所収）

徒歩でしか移動できなかった時代であれば、移動そのものに大きなエネルギーを必要とした。だが鉄道はそうしたエネルギーを激減させ、「旅をする者の立場を、十分に自由にしてくれた」（同）。その結果、車内にただじっと座っているだけで、「汽車の窓」から景色を眺めることに集中できるようになった。

もちろん、車窓などには目もくれず、「席さえあいていれば乗客は皆寝そべり、そうでなければ一生懸命に『キング』などを読んでいる」（同）客もいるのは、いまも昔も変わらない。しかし汽車によって初めて、私たちは各地に分布する村々の風景の多様性や、時代とともに変わってゆく地域とそうでない地域の違いを、直接自らの目で確かめられるようになったというのだ。

これは今日広く見られるような、有名観光地を回るだけの旅行とは全く異なる。そうした旅行は観光地という「点」を訪れることが目的であり、目的地に着くまでの過程は重視されないのに対して、柳田が想定する旅行は汽車に乗ること自体が目的であり、「点」ではなく「線」として景色を見ているからだ。

ただ車窓から景色をじっくりと眺めるには、汽車があまり速くないことが必須条件となる。昭和になると、東京―神戸間を結ぶ特急「燕」が走り始め、そのスピードから「超特急」と呼ばれたのに続き、一九三四年からは南満洲鉄道に特急「あじあ」が走り始めるなど、本格的な高速運転の時代を迎えた。『豆の葉と太陽』には、全国の鉄道の絶景区間をいくつも挙げた文章がある一方、鉄道の価値をスピードという数値に一元化させ、「点」と「点」の間を一刻も早く結ぶことこそ究極のサービスと見なす傾向を危惧する文章もある。

日本はつまり風景のいたって小味な国で、この間を走っていると知らず識らずにも、この国土を愛したくなるのである。旅をある一地に到着するだけの事業にしてしまおうとするのは馬鹿げた損である。（同）

柳田の言う「この国土を愛したくなる」感情というのは、英語で言えばパトリオティズムである。それは車窓から見えるような、地域ごとに異なる風景に根差した感情であって、目に見えない抽象的な国家を愛するナショナリズムとは区別されるべきものだ。
ところが戦後の国鉄は、柳田が「馬鹿げた損」と述べた方向へとさらに踏み出してゆく。電化が進み、汽車に代わって高性能の特急電車が全国の主要幹線を走るようになったばかりか、在来線に代わる新幹線まで全国各地で建設された。一九八七（昭和六十二）年の国鉄の分割民営化は、鉄道業をますます「旅をある一地に到着するだけの事業」にした。その行き着く先が、前述したリニア中央新幹線ということになるだろう。

中国や台湾、韓国では、日本の新幹線に当たる高速鉄道を開業させても、在来線の特急や急行を引き続き走らせてきた。スピードとは異なる価値のほうを重視する客に対して選択権を与えているのだ。一方、日本では新幹線が開業すると並行在来線の特急や急行を廃止するばかりか、近年ではＪＲからも切り離して第三セクターにする傾向が強まっている。事実上新幹線でしか移動できないようなダイヤになっているところも少なくない。

だがコロナ禍に伴うオンラインの普及は、昭和初期からずっと続けられてきた鉄道のスピード化に向けた努力を、一気に無用にした。いま改めて振り返るべきは、柳田國男が見いだした鉄道固有の価値ではなかろうか。それを一言でいうなら、「点」と「点」を直接つなぐだけのオンラインにはない、二つの「点」を媒介する「線」としての価値にほかならない。

鉄道というのは、ダイヤで定められた時刻にしたがって「点」と「点」の間を移動する。そこで過ごす時間は決して無駄でもなければ退屈でもない。このことは柳田だけでなく、同様に鉄道をしばしば利用していた谷崎潤一郎や三島由紀夫も気づいていた。

谷崎の「旅のいろいろ」と三島の「汽車への郷愁」には、それぞれ次のような一節がある。

私は思うのであるが、短時間に出来るだけ遠ッ走りをするスピード旅行の逆を行って、狭い範囲を出来るだけ長くかかって見て廻る旅のしかたを、少し奨励してみたらどうか。

（「旅のいろいろ」、『陰翳礼讃』、角川ソフィア文庫、二〇一四年所収）

すべてが明るくなり、軽快になり、快適になり、スピードを増し、それで世の中がよくなるかといへば、さうしたものでもあるまい。（中略）いつかは人々も、ただ早かれ、ただ便利であれ、といふやうな迷夢から、さめる日が来るにちがひない。

（「汽車への郷愁」、『決定版　三島由紀夫全集』第三一巻、新潮社、二〇〇三年所収）

コロナ禍はいずれ収束する。それでも一瞬のうちに物理的距離を飛び越え、あたかも実際に対面しているかのような環境を提供するオンラインの「速度」に鉄道は太刀打ちできず、通勤客や出張族が以前と同じ水準にまで戻ることはあり得ない。だからこそ鉄道業界は、ここで挙げた民俗学者や作家たちの鉄道観に改めて注目し、スピードに還元されない鉄道固有の価値とはいったい何なのか、いま一度よく考える必要がある。

予期せぬ出会いこそ

かつての国鉄はスピードアップを図る一方、末期に当たる一九八二（昭和五十七）年には全国の普通や快速に一日乗り放題の「青春18のびのびきっぷ」を発売した。この切符の改定版は現在も「青春18きっぷ」としてＪＲ各社で発売されている。新幹線はもとより在来線の特急にも乗れないこの切符の発売枚数が伸びていることは、鉄道の価値をスピード以外のところに求めている客がそれなりにいることを示している。

ましてや現在は、柳田や谷崎や三島が生きていた時代とは異なり、少子高齢化に伴い余暇時間に恵まれた世代の人口が増えつつある時代である。彼らにとってスピードは、必ずしも最優先されるべき価値ではない。ＪＲ九州がまず走らせ、ＪＲ東日本やＪＲ西日本が追随したクルーズトレインが、後述するような問題もあるにせよ高齢者の人気を集めたのは、スピードとは異なる価値を示すことに成功したからだろう（前記「クルーズトレインに思う」の項も参照）。

もっとも、柳田らの鉄道観をよく理解しているのは、いまや日本人より、インバウンド市場の拡大に伴い激増した外国人のほうかもしれない。

一例をあげよう。コロナ禍が広がる前、福島県の会津若松と新潟県の小出《こいで》を結ぶＪＲ只見線（二〇一一年の水害により会津川口―只見間が不通）には、台湾や香港、中国、タイなどからわざわざやって来た客たちが多く乗っていた。中国の人気ＳＮＳで「世界で最もロマンティックな鉄道」として紹介されてから、普通列車しか走らない只見線は海外で一躍有名になり、外国人の乗客が目につくようになった。

特に人気が高かったのは、会津西方《にしかた》―会津桧原《ひのはら》間の只見川にかかる第一只見川橋梁だった。地元の福島県大沼郡三島町《みしままち》は、彼らに便宜を図るため、町の中心駅である会津宮下から橋梁の見える絶景ポイントまで、町営バスの運行を始めた。外国人の乗客の増加は、只見線の不通区間の復旧が決まった一因となった。

彼らは日本人の通勤客や出張族とは異なり、コロナ禍が収束すればいずれまた戻ってくる。ガイドブックに紹介されている定番の観光地よりも、地元の利用客にとっては見慣れているはずの沿線の青葉や紅葉、川面を覆う霧や一面の雪景色のほうが、彼らにとっては自国では見られない四季折々の日本の魅力として新鮮に映るのだ。

もちろん、ローカル線の風景に魅せられるのは、外国人だけに限らない。例えば愛媛県伊予市にあるＪＲ予讃線の下灘《しもなだ》駅は、無人駅でありながらホームから瀬戸内海を一望できる駅として知られている。とりわけ空と海が茜色に染まる夕方になると、わざわざこの風景を見るために松山などから列車に乗って人々が集まってくる。第一只見川橋梁同様、ＳＮＳで紹介されれば世界中から集まってくるに違いない。ここには、ポストコロナの時代に日本の鉄道が進むべき方向の一つが反映されているように思われる。

列車に乗ることで発見するのは、柳田が述べたような車窓から見える風景だけではない。そこに居合わせる人々との予期せぬ出会いもまた、オンラインにはない鉄道ならではの体験と言ってよい。

明治以降のすぐれた小説や童話は、まさにこのテーマを扱ってきた。それは夏目漱石の『三四郎』や、宮沢賢治の『銀河鉄道の夜』を見ても明らかだろう。いずれも鉄道が重要な仕掛けになっている。

『三四郎』では、熊本から上京する主人公・小川三四郎が、京都から名古屋までの車内で「女」と乗り合わせ、名古屋で同宿する。そして翌朝、三四郎は別れ際に「女」から「あなたは余っ程度胸のない方ですね」と言われる。新橋に向かう列車に乗ってからも、この一言は三四郎の心に重くのしかかった。

元来あの女は何だろう。あんな女が世の中に居るものだろうか。女と云うものは、ああ落付いて平気でいられるものだろうか。（中略）二十三年の弱点が一度に露見した様な心持であった。親でもああ旨く言い中《あ》てるものではない。……

（『三四郎』、新潮文庫、二〇一一年）

名古屋からの車内では、「髭の男」（広田先生）と乗り合わせる。そこでは三四郎との間に、日露戦争後の日本が向かう将来像につき意見が交わされる。「然しこれからは日本も段々発展するでしょう」と話す三四郎に向かって、「男」はすました顔で、「亡びるね」と言う。

――熊本でこんなことを口に出せば、すぐ擲《な》ぐられる。わるくすると国賊取扱にされる。三四郎は頭の中の何処の隅にもこう云う思想を入れる余裕はない様な空気の裡《うち》で生長した。

（同）

なぜ『三四郎』では、熊本から上京する列車の車内が重要な一場面となるのか。それは

「女」にせよ「髭の男」にせよ、三四郎が車内でこれまでに出会ったことのない人々と会話することで、初めて故郷の外に広がっている「社会」に触れる体験をしているからだ。

同じような出会いは、『銀河鉄道の夜』にもある。主人公のジョバンニは、夢のなかで親友のカムパネルラと夜の軽便鉄道に乗っている。二人が乗った車両には、「鳥捕り」や「灯台守り」や家庭教師の青年、そして青年に率いられた女の子と男の子の姉弟のような、それまで会ったことのない客たちが次々に乗り合わせる。ジョバンニは女の子と打ち解けて話すカムパネルラを見て孤独に襲われるが、やがてまた会話の輪に加わってゆく。

「僕も少し汽車へ乗ってるんだよ。」男の子がいいました。カムパネルラのとなりの女の子はそわそわ立って支度をはじめましたけれどもやっぱりジョバンニたちとわかれたくないようなようすでした。

「ここでおりなけぁいけないのです。」青年はきちっと口を結んで男の子を見おろしながらいいました。「厭だい。僕もう少し汽車へ乗ってから行くんだい。」ジョバンニがこらえかねていいました。「僕たちと一緒に乗って行こう。僕たちどこまでだって行ける切符持ってるんだ。」

（『銀河鉄道の夜』、ハルキ文庫、二〇一一年）

同じ列車に乗り合わせたときには赤の他人どうしだったのが、サウザンクロスという駅で青年と姉弟が降りようとするときにはそうではなくなっている。それどころか車内には、いつしか共同体のような濃密な空間がつくられている。宮沢賢治はこの童話を通して、車内という空間が一人の子どもをいかに精神的に成長させるかを生き生きと描き出したのである。

「誤配」の可能性に満ちた動く公共空間

『ゲンロン0　観光客の哲学』と鉄道」の項で触れたように、哲学者の東浩紀は『ゲンロン0　観光客の哲学』のなかで興味深い議論を展開している。この本は鉄道を直接考察の対象としたものではないが、そこでの議論は鉄道に大いにかかわっている。

東はまず、欧州で生まれた観光の歴史を振り返っている。もちろん近代以前にも旅はあったが、それはあくまでも一部の富裕層のものだった。産業革命が進み、労働者階級が力をもち、彼らの生活が余暇を含むものに変わったとき、初めて観光が生まれた。それを可能にした交通手段こそ、当時欧州で発達し、やがて日本にも導入された鉄道にほかならなかったのだ。

東の言う「観光客の哲学」の中核には、ジャック・デリダに由来する「誤配」という概念がある。『ゲンロン0　観光客の哲学』と鉄道」で述べたことを、もう一度ここに記しておこう。

観光客は楽しみを求め、好奇心を満たすために出かけるが、しばしばそこで予想外のものに出くわす。全く予期せぬ人々とコミュニケーションする。こうした「誤配」を引き起こす存在としての観光客が増えることで、公的な空間が変容することを東は期待しているのだ。

東の議論に照らしてみれば、夏目漱石の『三四郎』や宮沢賢治の『銀河鉄道の夜』は、まさに「誤配」を文学にまで昇華させることが企図されていたといえるだろう。東が提唱する「観光客の哲学」は、こうした二十世紀の日本文学で扱われたテーマを、二十一世紀の政治哲学に応用するための試みだったともいえる。

そこには当然、先行する政治哲学に対する批判が込められている。東が念頭に置いているのは、アントニオ・ネグリとマイケル・ハートが『〈帝国〉』（水嶋一憲ほか訳、以文社、二〇〇三年）で唱えた「マルチチュード」という概念である。それはデモを通しての連帯に代表されるような、グローバル化がもたらした新しい政治のあり方や、従来の政治組織に支えられない超国家的なネットワークの権力を意味している。

東はこの「マルチチュード」を意識しつつ、「観光客」をそこに対置させる。

ネグリたちはマルチチュードの連帯を夢見た。ぼくはかわりに観光客の誤配を夢見る。マルチチュードがデモに行くとすれば、観光客は物見遊山に出かける。前者がコミュニケーションなしに連帯するのだとすれば、後者は連帯なしにコミュニケーションする。

（前掲『ゲンロン0　観光客の哲学』）

現在の日本では、欧米や韓国などとは異なり、政治活動が公認される大きな広場がなく、デモも一時的に起こることはあっても盛んであるとは言えない。東自身も、「ぼくはデモには行かない。かわりに観光を——知的な観光としての出版を含め——組織する」（同）と明言している。東が実践したのはチェルノブイリへの観光のような「ダークツーリズム」だが、日本で観光が果たす役割はデモが盛んな国々以上に大きいともいえる。それは同時に、国鉄時代に比べればかなり減ったとはいえ、なお「誤配」の可能性に満ちた動く公共空間が日本列島の隅々に存在しているという事実を、改めて認識させる。

ここでいう公共空間は、前述したクルーズトレインにはない。『ゲンロン0　観光客の哲学』と鉄道」で記したように、そこに乗っているのは一部の富裕層だけであり、途中駅での乗り降りも全くないからだ。クルーズトレインでは車両の定員数が少なくおさえられ、料金が高くなるほど車内で占有できる面積が増す。客と客の距離を遠ざけ、プライバシーを重視すればするほど「誤配」の可能性は排除され、鉄道は自家用車に近づいてゆく。むしろ普通列車によく見られるボックス席や、欧州で広く見られるコンパートメントの車両のほうが、乗客どうしが会話する空間としてふさわしいといえる。

二〇一一(平成二十三)年三月に東日本大震災が起こった直後、私は甚大な津波の被害を受けながらいち早く部分復旧させた三陸鉄道を応援すべく、講談社の川治豊成さんと同北リアス線(現・リアス線)の宮古―小本《おもと》(現・岩泉小本)間に乗った。車内では、たまたま同じボックス席に乗り合わせた地元の利用客どうしが鉄道の復旧を喜び合い、自然に話し合う「災害ユートピア」(レベッカ・ソルニット)的な空間が現れた。もちろん彼らは東の言う「観光客」とは異なるが、「誤配」が起こることで被災者どうしの心が幾分か和らいでいるのが感じられた。

鉄道とバスの違いも、まさにこの点にある。バスでは走行中に席を立つことは想定されていない。座席は基本的に前を向いていて、客どうしが対面し、会話することが容易な空間にはなっていない。座席の多くを占めているのは、たまたま同じバスに乗り合わせただけの、互いに孤立した客たちにすぎない。

また経路が必ずしもはっきりしないバスとは異なり、鉄道は駅や線路が可視化されている。原則として公表されたダイヤ通りに走り、道路に比べると冬の豪雪や凍結など自然条件の制約を受けにくい鉄道は、地元客以外の客にも利用しやすい乗り物といえる。前述した三陸鉄道の場合のように、たとえ自分から話しかけなくても、車内での地元客どうしの会話を聞いているだけで、地域社会の実情が見えてくることもある。

オンラインによるワクチン接種の受け付けが始まったとき、多くの高齢者が自力で手続きができなかったことはまだ記憶に新しい。社会全体のオンライン化は不可避だとしても、あらゆる人々がそれに対応できるわけではない。日本ですでに一世紀半も続いてきた鉄道というシステムは、まさにそれゆえに高齢者などの情報弱者には安心感をもたらすのだ。

コロナ禍が収束した暁には、鉄道は外国人を含めたあらゆる人々に開かれた公共空間を提供しなければなるまい。パソコンやスマホを通して間接的にしか他者とつながっていない人々にも、社会とのつながりを実感させる時間を提供しなければなるまい。

横須賀、八戸、大船

鉄道が引き起こす「誤配」は、車内で乗り合わせた人々との出会いだけにとどまらない。車窓から見える光景もまたそこに含まれると考えるべきだろう。

ここでいう「光景」とは、柳田國男が述べたような「線」としての景色や風景とは異なる。それは車窓を眺める乗客の内面を激しく揺さぶる一瞬の場面であり、全く予期しない形で訪れたかと思うとたちまち後方に消え去ってゆく。まさに一瞬であるがゆえに、かえって車窓を眺める乗客の脳裏に鮮やかに刻み込まれるのだ。

こうした鉄道の特性を最も鮮やかに描き出したのが、芥川龍之介の短編小説『蜜柑』だろう。横須賀から横須賀線の上り列車に乗った「私」と同じ車両に「小娘」が乗り込んできた。「小娘」は窓を開け、彼女を見送るため横須賀―田浦間の踏切で列車を待っていた「弟たち」に向かって蜜柑を投げる。この光景を目の当たりにした「私」の内面に起こった変化はこうだ。

暮色を帯びた町はずれの踏切りと、小鳥のように声を挙げた三人の子供たちと、そうしてその上に乱落する鮮な蜜柑の色と――すべては汽車の窓の外に、瞬く暇もなく通り過ぎた。が、私の心の上には、切ない程はっきりと、この光景が焼きつけられた。そうしてそこから、或《ある》得体の知れない朗《ほがらか》な心もちが湧き上って来るのを意識した。

（『蜘蛛の糸・杜子春』、新潮文庫、一九六八年所収）

光景を見た「私」は、「不可解な、下等な、退屈な人生を僅に忘れる事が出来た」というのが、この短編小説の結末である。疲労と倦怠にさいなまれ、ふさぎ込んでいた「私」の内面に風穴をあけたのは、車窓から見える一瞬の光景だったというのだ。

このような体験は、決して小説の世界に登場する人物だけに限られるわけではない。例えば昭和天皇の弟の高松宮は、太平洋戦争末期の一九四五（昭和二十）年二月二十二日、青森県の海軍施設である大湊《おおみなと》警備府の視察を終え、野辺地《のへじ》から東北本線上り上野ゆきの普通列車に乗った。この列車は野辺地を11時55分に出て、尻内《しりうち》（現・八戸）に13時19分頃に着いた。その近くで車窓から見えた一瞬の光景に、高松宮は目を奪われる。

尻内附近デ雪ノ原ノ街道ニ唯一人ノ通リガ、リノ壮年者ガ立止ツテ私ノ車ニ礼ヲシテヰク。連レ立ツタ生徒等随所ニ車ニ礼ヲスル姿ヲ見ル。感激ノ心ニジム。コノ国民ヲ、「スペイン」「アルフォンソ」国王ノ自動車ニ等シク立止ツテ礼ヲシタ「スペイン」国民ガ間モナク革命ノ君臣タラシメタト同ジニ考ヘラレヌ、同ジニシテハナラヌ。

（『高松宮日記』第八巻、中央公論社、一九九七年）

高松宮にとって、これは全く予期せぬ光景だった。一面の雪景色のなか、先生と見られる「壮年者」と先生に引率された生徒たちが、高松宮の乗った車両に向かって自発的に敬礼している。この光景を目のあたりにした高松宮の内面に「感激ノ心」が生じたというのだ。

当時の高松宮は、もはや敗戦は不可避と考えていた。近衛文麿もまた同様に考え、二月十四日には敗戦に伴い共産革命が起こる可能性に触れた「近衛上奏文」を昭和天皇に提出していた。一月二十六日に京都で近衛に会った高松宮は、近衛から直接上奏文の内容を聞いていたと思われる。近衛が高松宮に話した悪しき前例こそ、革命が起こって「アルフォンソ」（アルフォンソ十三世）が亡命し、共和制に移行した「スペイン」だったのではないか。

敗戦に伴う革命の勃発は、高松宮にとっても脅威だった。しかし上野ゆきの列車から見た一瞬の光景は、それが杞憂にすぎないことを高松宮に確信させたのだ。これから先、いかなることがあろうと、皇室に対する一般国民の崇敬の念が揺らぐことはない。結果として、この確信は間違っていなかったことになる。

随筆家の武田百合子《たけだゆりこ》は、一九八四（昭和五十九）年八月十四日、NHK教育テレビで放映された大岡昇平の特集番組で、妻、春枝がこう話すのを聞いた。

それがちっとも覚えてなくて。……不思議ですね。大変なことになって気が動顚してたのは覚えてますが。（品川駅で出征を見送るために）神戸から出てきて、汽車で大船の観音様のところを通ったとき、丁度夕方暗くなる頃で、観音様が怖かったのだけ覚えてます。あとのことはすっかり忘れて……。

（武田百合子『日日雑記』、中公文庫、一九九七年）

東京にいた昇平の出征が決まったことを知った春枝が、神戸から東海道本線の急行列車に乗り、急いで上京したときの模様が語られている。京都から東は行ったことがなかった春枝の脳裏に刻み込まれた光景は、浜名湖でも富士山でも相模湾でもなかった。かといって『蜜柑』の「私」や高松宮が遭遇したような人々の姿でもなかった。列車が夕刻、大船駅に進入する直前、左手の車窓に一瞬だけ見える大船観音という人工物だったのだ。

それはなぜか。ちょうど日が沈むころ、おぼろげに浮かび上がる観音像が、夫との永遠の別れを覚悟する春枝の胸中に訴えかけるものがあったからだ。このとき春枝は、人々と会話しなくても、車窓から見える瞬間的な光景に呼応していたのである。

花嫁行列とボクシングジム

私自身にも似たような体験がある。

大学三年の期末試験が終わった一九八四（昭和五十九）年の春休みのことだった。神保町で当時ベストセラーになっていた浅田彰『構造と力』（勁草書房、一九八三年）を買い、車内で読もうとした。そのために最低運賃の切符で国鉄が定めた東京近郊区間を大回りしようと考えた。この区間を出なければ、どれほど大回りしようと最低運賃で隣の駅に行けることを知っていたからだ。

私はまず御茶ノ水から総武線の各駅停車で千葉まで行き、千葉で外房線の下り列車に、大網《おおあみ》で東金《とうがね》線の下り列車に乗り換え、東金線の終点である成東《なるとう》からは総武本線の上り列車に乗った。ここまでが、東京近郊区間で回れるぎりぎりの範囲だった。車内では景色に目もくれず、ひたすら頁をめくった。ポストモダンの難解な用語が、私の脳をひたひたと侵しつつあった。

総武本線の日向《ひゅうが》―八街《やちまた》間だったと思う。ふと目を上げて車窓を見ると、房総特有の低い丘陵に囲まれ、田んぼが広がる風景のなか、白無垢《しろむく》に文金高島田《ぶんきんたかしまだ》を結った花嫁を乗せた人力車が、自動車の通行できないあぜ道のような農道をゆっくりと進み、その前後を親族とおぼしき人々が盛装して歩いてゆくではないか。

明らかに結婚式とわかる行列だった。

電車が通っても、こちらに目をやる人は誰もいなかった。神聖な行列は、近くを電車が通ったぐらいで乱れることはなかったのだ。おそらくは長年にわたって受け継がれてきた集落のしきたりを忠実に踏襲し、人生の重大事を親族だけで祝おうとする行列に漂う凛とした空気は、車窓を通しても十分に伝わってきた。

しかし振り返ったときには、もう車窓から消え去っていた。あれは嫁ぎ先に向かう行列だったのか。「最近の結婚式は豪華になるばかりで、結婚関連産業は不況知らず」(「朝日新聞」一九八四年四月十四日)とされた当時、およそ時代とそぐわない人力車の行列を目の当たりにした驚きは、きわめて大きかった。

景色を見るために乗ったわけではなかった。そもそも東京近郊区間で絶景が見られるはずもなかった。私は持っていた本を放り出し、それまで脳中を占めていた抽象的な観念とは全く異なる生々しい光景の残像を、何度も脳裏に再生しようとした。

あれからもう四十年近くが経った。たとえ読んでいた本の内容はあらかた忘れても、農道を進む行列の光景はいまなお脳裏に焼き付いている。あの日嫁いだ女性は、その後どういう人生を送ったのだろうか。たった一瞬目にしただけなのに、半世紀近くもの時間をほかの人生に置き換えて想像してみたくなるのだ。

中原中也賞を受賞した野崎有以《のざきあい》の詩「ネオン」(『ソ連のおばさん』、思潮社、二〇二一年所収)には、次のような連がある。

ボクシングジムが閉鎖された日
椎名町へ向かって走る電車のなかからネオンがひっそりと消えるのを見た
ネオンが消えたことに気づいた人は誰もいなかった
ネオンと夕日がもう重ならないように
あのお兄さんには会えないのだろう
そのうち小綺麗なマンションなんかが建って
そこがボクシングジムだったことなんかみんな忘れてしまうよ
世界王者が五人も出たことだってみんな忘れてしまうよ

西武池袋線を利用していた野崎は、池袋—椎名町《しいなまち》間の車窓からボクシングの世界王者を輩出した「ヨネクラボクシングジム」のネオンが見えるのを知っていた。ところがジムが閉鎖された日、ネオンは消えていた。いつも見えていたものが見えなくなったのだ。

この小さな変化に気づいた乗客はいなかった。ほかの客にとっては日常と変わらない一瞬の光景が、野崎にとってはとてつもない喪失に映った。それは単なる空間の喪失にとどまらず、時間の喪失を伴っていたことが、引用した連全体から浮かび上がってくる。

コロナ禍は、他者と面会しながら話す機会を激減させた。鉄道会社もまた感染予防のため、車内では大きな声で話さないよう、また新幹線や特急の車内では座席を向かい合わせにしないよう呼びかけた。だが一人で乗っていても、ここで挙げたような種々の出来事は起こり得る。それらの大部分は当事者の脳裏にのみ記憶され、文字として残されることはほとんどない。資料やデータを重視する学者も分析の対象にはしない。

鉄道は一方で、安定した日常の構成要素をなしている。朝のニュースの時間帯に、首都圏などの鉄道が「ほぼ平常通り運転しています」とわざわざ鉄道会社の職員やアナウンサーが話すことで、日常が破られていないという安心感がもたらされる。その背景には前述のように、戦争や自然災害のような危機に見舞われてもできる限り不通区間を復旧させ、列車を走らせることで日常を回復させてきた日本の鉄道の歴史がある。

しかし他方、鉄道はさまざまな他者との関係を媒介するメディアであり、日常のなかにある「裂け目」や「揺らぎ」の存在を気づかせてくれる乗り物でもある。列車というのは自動車と異なり、自らの意思で減速や停止ができるわけではない。だからこそ瞬間的に遭遇した光景がいつまでも忘れられないのだ。

列車に乗っている時間というのは、家にいる時間でもなければ、会社や学校、ホテルなどにとどまっている時間でもない。どこかからどこかに移動しているという意味では自動車に乗っている時間と共通するが、自家用車というのは自宅にいる時間の延長にすぎない。コロナ禍に伴う在宅勤務や在宅学習が増えたいま、鉄道が提供してきた「どこにも属さない時間」の大切さを改めて感じている。

「ゲート個人」化に抗して

昨今では、列車に乗っている時間自体を「優雅で特別な時間」として売り出す私鉄の列車も現れた。前記「西武鉄道に物申す」の項でも触れたが、池袋線や秩父線、新宿線で走らせている「52席の至福」と称する列車がそれだ。この列車はキッチン車両や客席車両などからなっていて、移動中にブランチやディナーを食べることを目的としている。全席予約制で、途中駅での乗り降りがいっさいない点は、前述したＪＲのクルーズトレインと変わらない。

つまり「優雅で特別な時間」というのは、外の景色や乗客に気をとられることなく、車内でシェフによる高級料理を食べる時間のことなのだ。それはどこかからどこかに移動している時間よりも、レストランにずっととどまっている時間のほうに近い。本来の移動の意味は薄れ、「誤配」の可能性はあらかじめ排除されている。

しかしコロナ禍のもとで会食の自粛が呼びかけられても、旅行代金がブランチで一万円、ディナーで一万五千円もする「52席の至福」の人気は落ちていない。それは車内でも自宅の延長のようにひたすらスマホしか見ず、車窓なぞには目もくれない乗客が増えた時代を反映しているせいかもしれない。

かつて柳田國男は、駅弁を買うときにしか窓の外に興味を示さない客が多いのを嘆き、「鉄道自身が躍起となって、できるだけ車中の生活を無価値にしようとしている。汽車のせっかくの窓が、何だか我々には弁当を買う穴としか見えない」（前掲『豆の葉と太陽』）と述べた。柳田にならって言えば、駅弁を買う必要もない「52席の至福」の車窓は「弁当を買う穴」ですらなくなり、「優雅で特別な時間」は西武沿線に住んでいるとは限らない富裕層のための時間になったのである。

交通経済学者の宇都宮浄人《うつのみやきよひと》は、欧州をはじめとする先進国に比べて、日本の鉄道事業が例外的に「黒字」を出し続ける成功を収めた結果、いかに欧州とは違った鉄道観ができてしまったかを説得的に論じている。

……今では逆にその成功体験が日本の足を引っ張っている。高度成長が終わり、人口減少時代に突入したにもかかわらず、鉄道への投資に対して通常の民間ビジネスと同

様の採算性が求められる。（中略）

そもそも、旅客鉄道事業を初期投資の返済も含めて「黒字」「赤字」で判断するという考え方が問題の根っこにある。このような考え方をする国は、今となっては、主要先進国の中では日本ぐらいである。

（『鉄道復権』、新潮選書、二〇一二年）

欧州では鉄道を収益事業ではなく「社会インフラ」と位置づけ、赤字線に新規投資するのに対して、日本では相変わらず道路にばかり公的資金が配分され、鉄道は独立採算を原則としている。コロナ禍による鉄道業界の業績悪化が避けられないならば、この特殊日本的な鉄道観はいっそう改められなくてはなるまい。

欧州で鉄道が見直されつつあるのは、それが必要な社会インフラであるからだけではない。歴史家のトニー・ジャットは、主に欧州の鉄道を念頭に置きながらこう述べる。

もしもわたしたちが、わたしたちの集合体としての資源を鉄道に費やす根拠を理解できないとすれば、それはわたしたちすべてがゲート・コミュニティーに入ってしまって、その周囲を動くには、自家用車以外何も必要なくなったからではありません。そうではなくて、わたしたちがゲート個人になってしまっていて、お互いの利益のために公共の空間を分かち合う術を知らないからなのです。こうした喪失がもつ意味合いは、ある特定の輸送システムの衰微ないし消滅というものをはるかに超えているでしょう。それはわたしたちが、近代生活そのものと決別したことを意味するでしょう。（『荒廃する世界のなかで　これからの「社会民主主義」を語ろう』、森本醇訳、みすず書房、二〇一〇年）

現代に生きる私たちは、「無線時代に特有の、接続された孤立状態」（同）に置かれ、他者との関わりをもたない「ゲート個人」になってしまっているというのが、ジャットの基本的な時代認識である。鉄道が必要なのは、それがただの輸送システムではなく、「お互いの利益のために公共の空間を分かち合う術」、すなわち公共圏を提供するからだ。このようなジャットの言葉には、鉄道を社会インフラとして位置づけてきた欧州よりも、採算に合わない路線を容赦なく切り捨ててきた日本でこそ耳を傾ける必要があるのではないか。

コロナ禍は社会のオンライン化という「無線時代」を不動のものにし、人々とのつながりを失って自宅に引きこもる「ゲート個人」を大量に生み出した。車内では、一九六四（昭和三十九）年に刊行されたＳＦ小説『復活の日』（早川書房）で小松左京《こまつさきょう》が予言したような、「花びらのように白いマスクが点々と見え、人々はあらためて、このガサガサにすいたラッシュの上り電車の中で、隙間風の吹くようなうそ寒い感じにおそわれるのだった。（中略）誰かが熱っぽいうるんだ眼をしており、誰かがはげしい咳をすれば、人々はうす気味わるそうに、横をむき、身をひく」という光景が現実のものとなった。

いや、それだけではない。最近では、乗客を生身の人間と認識できない傾向すらあらわになっている。二〇二一（令和三）年八月六日に小田急小田原線を走る上りの快速急行の車内で起こった無差別刺傷事件や、同年十月三十一日に京王線を走る上り特急の車内で起こった無差別刺傷事件は、その端的な証左だろう。

しかし、車内で狙われた女性を、たまたま乗り合わせた看護師や周囲の乗客が声をかけ合いながら助けたり、乗客どうしが助けあいながら電車の窓から次々と脱出したりしたこともまた確かだ。そこに現れたのは、マスクを付けた見知らぬ乗客どうしが、パニックに陥ることなく、一つの目的のために互いに協力し合う公共圏にほかならなかった。

あとがき

本書の成立事情につき、簡単に記しておきたい。

講談社のPR誌『本』の一九九六（平成八）年一月号から、「鉄道ひとつばなし」と題する連載を続けてきた。幸いにも好評で、二十年以上にわたって一度も中断することなく続き、その間に講談社現代新書から連載をまとめた『鉄道ひとつばなし』『鉄道ひとつばなし2』『鉄道ひとつばなし3』『思索の源泉としての鉄道』が刊行された。

ところが平成の終焉に合わせるかのように、『本』二〇一九年五月号をもって連載は終了すると告げられ、『本』自体も二〇二〇（令和二）年十二月号を最後に休刊となった。一四年八月号から一九年五月号までの連載分は新書にならず、宙に浮いてしまった。

時あたかも、半藤一利さんが朝日新聞土曜版「be」に連載されていた「歴史探偵おぼえ書き」が、ご自身の体調不良により連載ができなくなった。半藤さんのご指名もあって、二〇一九年十月から急遽同じ欄に「歴史のダイヤグラム」の連載を始めることになった。

この連載はいまも続いているが、「鉄道ひとつばなし」の連載が宙に浮いたうえ、刊行された新書のシリーズ本も再版はしないとのことだったため、一度使ったネタを加工して別の角度から文章にしたことも少なからずあった。

二一年九月には、「be」の連載を途中までまとめ、朝日新書から『歴史のダイヤグラム　鉄道に見る日本近現代史』を刊行した。これでサッパリした気分でいたところ、講談社の文芸第一出版部の横山建城さんから連絡が来た。例の新書未収録分まとめて単行本にしたい、それも二一年末までに刊行したいとのことだった。正直、半信半疑の思いでいたが、横山さんは畳みかけるように、講談社の文芸誌『群像』に「コロナと鉄道」と題してアクチュアルな原稿をもう一本書くよう依頼してきた。このあたりから完全に横山さんのペースに乗せられ、私は周到に敷かれたレールの上をひたすら走ってきた。

ただ本書のタイトルに関しては、そうではなかった。当初、横山さんから提案されたタイトルは、内田百閒の「阿房列車」のもじりであろう「べらぼう列車」だった。振り返れば、初めて講談社から出した単行本である『「民都」大阪対「帝都」東京』（講談社選書メチエ、一九九八年。現在は講談社学術文庫）というタイトルも、横山さんが発案したものだった。しかし今回は、私が「最終列車」を逆提案した。

本書の帯で記されているように、このタイトルにはコロナ以前の思考の「最終列車」という意味が込められている。これが五十代に書いた文章をまとめた最後の本になるだろうという予感もある。実に四半世紀にわたり、語りつくせぬほどお世話になってきた横山さんには、心からの感謝を申し上げたい。

二〇二一年十一月八日

原 武史

松本清張と急行列車（2018.02）
和歌山は遠くなりにけり（2018.12）
聴覚と鉄道（2017.07）
広がる「通勤格差」――二〇一八年二、三月のダイヤ改正に思う（2018.04）
＊「広がる「通勤格差」――2、3月のダイヤ改正に思う」を改題
クルーズトレインに思う（2016.10）
『ゲンロン0　観光客の哲学』と鉄道（2017.09）
全生病院から長島愛生園へ（2018.11）
トンネルの活用法（2018.10）
再び高千穂あまてらす鉄道に乗る（2018.07）

■鉄道と私
父と鉄道（2016.01／2016.02）
新橋駅烏森口と東京駅丸の内口（2018.03）
一九七五年の国鉄（2017.12）
四十年ぶりの夕張再訪（2018.09）
小熊英二と原武史（2015.10）
「東海道本線」から「上野東京ライン」へ――明学を去る（2016.04）
六月十三日午後の事（2015.09）

■コロナと鉄道
小林一三モデルの崩壊
柳田、谷崎、三島の鉄道観
予期せぬ出会いこそ
「誤配」の可能性に満ちた動く公共空間
横須賀、八戸、大船
花嫁行列とボクシングジム
「ゲート個人」化に抗して
＊『群像』2021年10月号に「論点　コロナと鉄道」として掲載されたものを分割し、それぞれにタイトルを付して加筆。

西武鉄道に物申す（2016.05）
脱池袋化への模索――「S-TRAIN」をめぐって（2017.04）
レッドアローの終焉（2019.01）

■鉄路の空間政治学
常磐線と浜通り（2014.08）
常磐線主義とアジア主義（2015.07）
ＪＲ青梅線と山村工作隊（2018.08）
天理教と鉄道（2015.12）
神社・宗教・鉄道から見た神奈川県（2017.10）
相鉄と米軍基地（2015.08）
千葉の半島性（2018.01）
小湊鐵道に乗る（2015.01）
長野電鉄の可能性（2017.03）
ワルシャワ再々訪（2017.01）
旧満洲の高鉄《ガオティエ》（2017.11）

■年々歳々
梅棹忠夫の道路論（2014.10）
花見の鉄道旅（2015.06）
川と海と桜と（2016.06）
東北の桜、常磐の桜（2017.06）
高尾発長野ゆき441Mに乗る（2018.06）
再び三陸で考えた（2015.11）
山形新幹線を考える（2017.02）
ＪＲ只見線の復旧に思う（2017.05）

■列車はなにを運ぶのか？
北勢のナローゲージ（2014.09）
バイパス線の不思議（2016.08）
一松信さんと鉄道（2016.12）

初出一覧

『本』2014年08月号～2019年5月号および『群像』2021年10月号。単行本化にあたって、2021年11月現在の視点から大幅に加筆・修正を加えた。

■はじめに――経世済民としての鉄道
　平成と鉄道（2019.02）
　続・平成と鉄道（2019.03）
　　→上記二稿を合併、改題

■菊と鉄道
　皇太子（現上皇）夫妻と鉄道（2018.05）
　　＊「皇太子（現天皇）夫妻と鉄道」を改題
　上皇・上皇后と鉄道（2019.04）
　　＊「現天皇・現皇后と鉄道」を改題
　皇后と鉄道（2016.03）
　高松宮と細川護貞（2016.11）
　「敵国撃破」を祈るために（2014.12）
　昭和天皇・香淳皇后と岡山（2015.02）
　ある鉄道マニアの死（2014.11）
　元号と駅名（2019.05）

■駅と西武と
　変わる駅名、変わらない駅名（2016.09）
　温泉の付く駅名（2015.04）
　「前」にこだわる小田急（2016.07）
　　＊「「前」の付く駅名」を改題
　郷愁の上野駅（2015.03）
　再び東京（駅）一極集中化を論ず（2015.05）
　鉄道画家・福島尚の世界（2017.08）

著者：原 武史（はら・たけし）
1962（昭和37）年、東京都生まれ。早稲田大学政治経済学部卒業。東京大学大学院博士課程中退。放送大学教授、明治学院大学名誉教授。専攻は日本政治思想史。『「民都」大阪対「帝都」東京』（講談社学術文庫）でサントリー学芸賞、『大正天皇』（朝日文庫）で毎日出版文化賞、『滝山コミューン一九七四』（講談社文庫）で講談社ノンフィクション賞、『昭和天皇』（岩波新書）で司馬遼太郎賞を受賞。著書に『〈出雲〉という思想』『皇后考』（ともに講談社学術文庫）、『鉄道ひとつばなし』（講談社現代新書）、『「昭和天皇実録」を読む』『平成の終焉』（ともに岩波新書）、『可視化された帝国』（みすず書房）、『皇居前広場』（文春学藝ライブラリー）、『団地の空間政治学』（ＮＨＫブックス）、『レッドアローとスターハウス』『「線」の思考』（ともに新潮社）、『地形の思想史』（KADOKAWA）など多数。

最終列車《さいしゅうれっしゃ》

2021年12月8日 第1刷発行

著　者　原《はら》 武史《たけし》
発行者　鈴木章一
発行所　株式会社講談社
〒112-8001 東京都文京区音羽2-12-21
電話 出版 03-5395-3504
販売 03-5395-5817
業務 03-5395-3615

装　丁　南 伸坊
印刷所　凸版印刷株式会社
製本所　株式会社国宝社

KODANSHA

ISBN978-4-06-526352-5

N.D.C.913.2　328p　19cm

スタジオジブリの想像力

地平線とは何か

三浦雅士　著

西洋ルネサンス絵画と日本アニメは、
視覚芸術における空前の事件である！

なぜ宮崎駿の作中人物は空を飛び、火と接吻するのか？
この問題こそ人間存在の秘密を解くカギである！
地平線という概念をめぐり、
東西の思想・美術・音楽・舞踊の豊かな知見を総動員して、
スタジオジブリを人類史のなかに位置づける、壮大にして野心的な試み。

定価：二七五〇円（税込）
※定価は変更することがあります

鬼子の歌

偏愛音楽的日本近現代史

片山杜秀　著

「クラシック音楽」で読む日本の近現代百年。

鬼才の本気に刮目せよ！

山田耕筰、伊福部昭、黛敏郎、三善晃……。怒濤の近現代を生きた音楽家の作品をたどりながら、この国の歩みに迫り、暴き、吠える。あるときは西洋列強に文明国と認められるため。あるときは戦時中の国民を奮闘させるため。きわめて政治的で社会的で実用的な面がある「音楽」。政治思想史家にして音楽評論家である著者が、十四の名曲から近現代史を解説する。

定価：三五二〇円（税込）
※定価は変更することがあります

出版と権力

講談社と野間家の一一〇年

魚住　昭　著

日本の出版。

その草創期にも転換期にも、彼らが関わってきた……。


「これを読めば大学に行かなくても偉くなれる！」

臆面もなく立身出世を説き、一代にして「雑誌王」に成り上がった初代清治。勃興する帝国日本の大衆の心を鷲づかみにした印刷物は、やがて軍部との抜き差しならぬ関係のなかで変貌していく……。一方、四代省一は敗戦後、総合出版社への転換をなしとげ、国民教育と出版による世界平和の夢を追いつづける。

未公開資料を駆使し、近代出版百五十年を彩る多彩な人物群像のなかに野間家の人びとを位置づけた大河ノンフィクション！

定価：三八五〇円（税込）
※定価は変更することがあります

日蓮主義とはなんだったのか

近代日本の思想水脈

大谷栄一 著

テロリズムから東亜連盟論、仏教社会主義まで。

近代日本において日蓮の思想はなぜ多くの人びとの心をとらえたのか?

高山樗牛、宮沢賢治らの心をとらえ、石原莞爾や血盟団の行動をうながした日蓮主義とはいかなるものだったのか? 帝国日本の勃興期に「一切に亘る指導原理」を提示し、国家と社会と宗教のあるべき姿(仏教的政教一致)を鼓吹した二大イデオローグ=田中智学と本多日生の思想と軌跡をたどり、それに続いた者たちが構想し、この地上に実現しようと奮闘したさまざまな夢=仏国土の姿を検証する。

定価:四〇七〇円(税込)
※定価は変更することがあります

人間であることをやめるな

半藤一利　著

国家そのものが大転換期にある。先行きは不安ばかり。
そうした「行き止まり」のときに、
日本人は、とくに若い人たちは、どう生きたらいいのか。

「歴史に学ぶ」とはどういうことか。著者がものした数多くの文章や講演から、そのエッセンスを四つのポイントに集約。明治の将星のもった国際情勢へのリアリズム、石橋湛山が説いた「理想の力」への信頼、昭和天皇の懊悩への理解、そして墨子と宮崎駿にある平和への問い。昭和史研究の第一人者が残した軽妙にみえて重い教訓のことば。

定価：一四三〇円（税込）
※定価は変更することがあります

硝子戸のうちそと

半藤末利子　著

とにかく年を取るということは、
避けることができないだけに、大変な大仕事なのである。

八十歳をすぎた老夫婦の穏やかで愉快な日々は、夫の転倒事故で激変する。手術、リハビリ、再手術、心身の衰え、そして愛する伴侶との別れ。誰しもが通り、経験せねばならぬことを記す、明るくも勁いペンに、読者は涙しつつも励まされるだろう。

定価：一八七〇円（税込）
※定価は変更することがあります

万葉学者、墓をしまい母を送る

上野 誠 著

お母さん。しばらく、奈良に来んね。
よか病院のあるとよ。

現代万葉研究をリードする学者は、故郷福岡の墓をしまい、老いた母を呼び寄せ、七年のあいだ介護して見送った息子でもあった……。体験と学問を軽妙な筆致で往来し、死について深く考えた、真の「エッセイ」。

定価：一五四〇円（税込）
※定価は変更することがあります